WIE WIR *im Freien* WOHNEN

STAFFORD CLIFF

WIE WIR *im Freien* WOHNEN

Mit 290 Photographien in Farbe von

GILLES DE CHABANEIX

Christian Brandstätter Verlag

WIE WIR *im Freien* WOHNEN

Seite 1 Über den Dächern von Marrakesch. *Frontispiz* Eine Terrasse in Korsika. *Gegenüber* Ein Garten in der Normandie.

EINLEITUNG

Gegenüber
Leben im Freien wird zwar üblicherweise mit warmem Wetter und Sonne in Verbindung gebracht – doch dieser ungewöhnliche Pavillon in einem Garten Quebecs wirkt selbst unter der winterlichen Schneedecke einladend.

Die französischen Fenster zur Terrasse eines korsischen Hauses sind halb geöffnet; draußen Tisch und Stühle – ein Arrangement, das ohne viel Dazutun und zufällig entstanden scheint. Eine – natürlich offene – Flasche Wein, Gläser, Brot und Oliven vervollständigen den Vordergrund dieser betörenden Szenerie. Jenseits der Terrasse öffnet sich ein weiter Blick: Wälder und ferne Hügel, eingehüllt in das flimmernde Licht sommerlicher Hitze. Ortswechsel: Ein Garten in der Normandie, großzügig mit hohen Bäumen bepflanzt, die reichlich Schatten spenden, darin eine gerade nicht besetzte Hängematte zwischen zwei perfekt platzierten Stämmen.

Derart einfache Settings treffen mitten ins Herz dessen, was die meisten unter »Leben im Freien« verstehen. Der dem Italienischen entlehnte englische Begriff »alfresco« wird im Dictionnaire ebenfalls mit »Leben im Freien« erklärt – was das allerdings in der Realität bedeuten kann, wird in diesem Buch erkundet.

Dabei ist das Bedürfnis nach dem Leben draußen keineswegs bloß das Produkt eines entspannten, zeitgeistigen Lifestyles, denn so gut wie jedes Zeitalter und jede Kultur hatte ihre je eigene Interpretation eines Lebens im Freien. So zeigen beispielsweise Illustrationen von eingezäunten altägyptischen Gärten formale, durch Bewässerungskanäle und Teiche mit Fischen unterbrochene Anlagen von Pflanzengruppen – alles, um jene zu erfreuen, die im Schatten von rankendem Wein in den Lauben sitzen. Der persische Garten, Gegenstand unzähliger Miniaturen und graphisch in den Mustern der Teppiche verarbeitet, war ein gestaltetes Paradies aus Obstbäumen, Blumenbeeten und Kanälen, in denen die Privilegierten lustwandelten, Musik hörten und sich vergnügten. Daraus entwickelten sich die Gärten der Mogulen – »Zimmer im Freien«, deren Möblierung ebenso sorgfältig ausgewählt wurde wie jene für das Innere des Palastes, zu dem der Garten gehörte. Kleine Bäche und Brunnen sorgten für die »Wassermusik«, die von den Rufen der Pfaue und zarten Instrumentenklängen aus den Pavillons ergänzt wurden. Über Nordafrika und Südspanien verbreitete sich der Einfluss islamischer Gärten, von denen ein paar der schönsten Beispiele nach wie vor in Granada existieren. Diese Patios sind durch hohe Mauern, glitzernde Wasserläufe, majestätische Säulen und Kolonnaden charakterisiert, und sie vermitteln einen nachhaltigeren Eindruck als die reich dekorierten Innenräume, von denen diese Gärten umschlossen sind.

Das Einzäunen offener Bereiche außerhalb oder auch innerhalb von Häusern als eine Erweiterung des Innenraums ähnelt sich in Kulturen rund um die Welt. Von hohen Mauern umgebene Gärten werden von Homer beschrieben; das antike Rom brachte den Garten als ein lebendiges Element täglichen Lebens in das Zentrum des Hauses. Das Haus umgab dabei ein von Säulen umstandenes Atrium, ein so genanntes Peristyl, das schließlich Modell für unzählige Klöster und prächtige Häuser von Zentralasien bis Westeuropa wurde. In Japan entwickelte man das Zusammenspiel aus dem Lebens drinnen und jenem draußen sogar noch weiter, weil die Häuser

überhaupt keine konventionellen Wände mehr hatten: Semitransparente Paneele aus Reispapier wurden zur Seite geschoben und gaben den Blick auf verborgene, intime Gärten frei – manchmal nicht breiter als ein paar Meter, immer aber gestaltet, um das ganze Universum zu symbolisieren. Dieses Konzept von sich der Außenwelt öffnenden Räumen blieb im Fernen Osten und in Indonesien weit verbreitet. Das gilt vor allem auch für Bali, wo dieser Stil für Luxushotels und Villen angewandt wurde, bevor er die Architektur von Privatvillen auch im weit entfernten Los Angeles oder Sydney zu beeinflussen begann.

In Nordeuropa wurde der weite Blick nach draußen – möglicherweise umrahmt von einem Torbogen oder einer langen Baumreihe – Teil der Architektur des 15. Jahrhunderts. Freitreppen, Terrassen sowie dekorative Pflanzen und Hecken verbanden dabei den Garten mit dem Haus. Die spektakuläre Anlage von Versailles, entstanden im 17. Jahrhundert, war als überwältigender Salon gedacht, geschaffen für die Erholung und Rekreation der vielen Mitglieder des französischen Hofs. Die Menschen, die durch die wohlgestaltete Anlage spazierten, waren ebenso wesentliches Element dieses Gesamtkunstwerks wie die Statuen und Brunnen. Aus den Räumen der Beletage blickte man auf kunstvoll angelegte Blumenbeete, die den Eindruck großer gemusterter Teppiche vermittelten. Später, und hier vor allem in den Kolonien wie Indien, Australien, Kanada oder Südafrika, gerieten Veranden ins Blickfeld. Sie dienten dazu, das Geschehen von drinnen nach draußen zu bringen: Hier konnten die Familien in der abendlichen Kühle entspannen, Besucher empfangen oder Gärtner und Handwerker angewiesen werden. Die Veranden eleganter Häuser waren oft mit schönen Bambus-, Korb- oder Schmiedeeisenmöbeln bestückt. Zu einem wichtigen »Extrazimmer« wurde die Veranda im Süden der USA. Ihr spezieller Status wurde durch hoch aufragende, weiße dorische Säulen und große zweistöckige Galerien noch unterstrichen. Etwas bescheidenere Wohnsitze in den Vereinigten Staaten haben kleine Vorbauten, groß genug für ein Paar Stühle oder einen Schaukelstuhl.

Was die moderne amerikanische Architektur von Privathäusern betrifft, so zeichnet sich eine Entwicklung ab, bei der die umgebende Landschaft in die Gestaltung der Gebäude substanziell einbezogen wird – die Natur wird integriert, die Grenzen zwischen innen und außen verschwimmen. Architekten wie Philip Johnson und Richard Neutra benutzten Glaswände, um veritable Sensationen des Offenen und Luftigen zu schaffen. Das berühmteste Beispiel aber stammt von Russell Wright: In einem stillgelegten Steinbruch in Garrison, New York, schuf er ein Haus, in dem Felsblöcke und Bäume Teil des Interieurs sind und der offene Kamin eine Spalte in der Felswand ist. Dieser Geist »minimaler Intervention« inspirierte Architekten dazu, sämtliche Möglichkeiten einer Erweiterung des Innenraums auszuprobieren: Räume, die ohne konventionelle Wände auskommen, aufrollbare Fensterläden, im Boden versenkbare Glaswände oder solche, die mühelos zur Seite geschoben werden können. Gartenarchitektur wurde wieder verwendet, um das Draußen mit dem Drinnen in Beziehung zu setzen. Die wahrlich puristische Version ist ein Haus, bei dem innen und außen Teile eines Ganzen sind – kontinuierliches Erleben von beidem und praktisch austauschbar.

Für die Bewohner von Städten bezog sich das Ideal eines Outdoor-Lebens in den letzten beiden Jahrzehnten auf einen Zweitwohnsitz – ein Haus am Land oder, noch besser, in einem anderen Land, vorzugsweise in einem mit mildem Klima. Das Reisen wurde billiger und schuf weitere Möglichkeiten und schließlich die Nachfrage für bestimmte Aspekte eines Lifestyles unter freiem Himmel, bei dem bäuerliche Schlichtheit und Verbundenheit mit der Natur als ultimative Extravaganz geschätzt werden. Die Küche zum Beispiel wird durch ein offenes Feuer am Strand ersetzt, elektrisches Licht durch Kerzen und das Badezimmer durch eine Dusche zwischen Palmen. Lifestyle-Magazine haben sich mit diesem neuen Geschmack befasst: er ist fotogen und repräsentiert eine Art Anti-Opulenz, die effektvoll zum neuen Luxus geriet. In Ländern wie Griechenland, Türkei, Kenia, Marokko und Indonesien haben Architekten und Designer verfeinerte, perfekt auf die Gegenwart zugeschnittene Strukturen geschaffen, die sowohl privat als auch öffentlich sind, die aus lokalen Materialen bestehen und aus regionalen Stilen.

Diese Bilder eines erfolgreichen Outdoor-Stils konnten die Designbewussten Londons, New Yorks, Los Angeles', Paris', Berlins oder Roms nicht unberührt lassen. In Europa gestalteten die glücklichen Besitzer einer Dachterrasse oder eines Balkons denselben als wäre das ein zusätzlicher Raum ihrer Wohnung. Amerikaner und Australier mit einem kleinen Vorbau an ihrem Haus machten diesen zu einer Erweiterung des Wohnraums. Für Cafés und Bars in Zonen mit gemäßigtem Klima wurde es üblich, Stühle und Tische draußen aufzustellen, oft sogar – mit einer Outdoor-Heizung – im Winter. Der Garten oder der Hinterhof wurden zum ultimativen Raum, dem endlose Wohnsendungen im Fernsehen gewidmet wurden und der mit Böden aus Holzplanken, Kieselsteinen, Kies, Schiefer oder Rindenchips und, selbstverständlich, einem Esstisch und Stuhlen vervollständigt wird.

Der sozialen Komponente eines Lebens im Freien am nächsten war selbstverständlich immer die Gastronomie. Im letzten Kapitel dieses Buches erzählt eine erkleckliche Anzahl von Bildern vom Vergnügen, einfache, wohlschmeckende Speisen und Getränke unter freiem Himmel zu genießen. Feste, Märkte, Open-air-Restaurants und – unvermeidlich – Picknicks reflektieren die breitestmögliche Interpretation eines Outdoor-Daseins in seinem eigentlichen Sinn. Japaner essen im Freien und zelebrieren dabei eine ästhetische Handlung. Chinesen ehren ihre Verstorbenen mit Festen bei den Gräbern. Im Westen kannte man das Picknick als kulinarische Begleitung mittelalterlicher Jagdgesellschaften, später, im 19. Jahrhundert, wurde es eine wesentliche literarische und künstlerische Metapher für das gute Leben. Mit dem Beschwören ländlicher Idyllen, verkörpert durch Claude Monets *Frühstück im Freien* aus dem Jahr 1865, setzte ein Prozess ein, der nicht nur andauert, sondern ständig stärker wird: Glücklich leben zwischen drinnen und draußen!

Wenn also alle Bemühungen für ein Leben im Freien fehlschlagen, sollte man einen Korb packen, ein paar Freunde zusammentrommeln und sich in den nächsten Park, an den Strand oder aufs Land begeben.

Vorhergehende Doppelseite
Essen im Freien ist sicherlich einer der wesentlichsten Aspekte jeglichen Outdoor-Lebensstils. Angenehme Plätze, an denen es sich im Freien gut essen lässt, sind mit einem schlichten Arrangement aus Möbeln in einem wohltuend ungezwungenen Rahmen immer einfach zu gestalten. Hier formen Gartenstühle und ein stabiler Holztisch – so wie es aussieht leicht aus der Küche zu erreichen – einen wirkungsvollen Essplatz, ohne dass es einer Veranda, einer Terrasse oder eines Patios bedarf. Essentielle Elemente in diesem verlockenden provenzalischen Szenario sind die breit ausladenden, Schatten spendenden Äste eines Baums und die Reste eines Vordachs, das alles mit dem Haus verbindet.

Die Inbesitznahme und Gestaltung des Raums rund um das eigene Haus steht im Zentrum der großen gärtnerischen Tradition. Von den Höfen der islamischen Architektur bis zu den Moden im Frankreich des 17. Jahrhunderts, ja sogar bis zu den Dachterrassen der Gegenwart war der gut ausgestattete Garten immer eine wesentliche Erweiterung des Lebensraums, ein Ort des Lustwandelns, des Denkens und des Gesprächs. Die Anordnung von Pflanzen, Ornamenten und Skulpturen definieren einen Ort der Freude, und das Interieur hat solcherart seine Entsprechung im Freien. Dieser klassische französische Garten *(links)* mit seiner Zentralachse ist auf einem Fresko in Louhisaari, einem finnischen Landhaus, zu sehen.

Diese moderne Interpretation eines formal gestalteten Gartens mit Zentralachse ist die vollkommene Ergänzung für ein Haus in traditionellem Stil auf der Insel Ibiza. Die geradlinigen Beete wiederholen die Form des weißen Hauses: eine wirkungsvolle Ansammlung von Kuben, von denen jeder einen Raum repräsentiert, dazu geschaffen, auf einen gemeinsamen Platz hinauszuführen. Wenngleich dieser Garten einen gepflasterten Weg anstatt eines Wasserlaufs als zentrales Element aufweist und trotz der großen Wasserschüssel anstatt eines Brunnens, entsteht der Eindruck maurischen Lebensgefühls – eine subtile Erinnerung an vergangene Bewohner.

Die dichten, dunklen Farben der Erde dieses Landstrichs haben die skulpturale Komposition rund um den Pool dieses Hauses in Los Angeles inspiriert. Solide, unterschiedlich große Steinblöcke schaffen ein ununterbrochenes Spiel aus Licht und Schatten. Die bräunliche Färbung widerspiegelt die wohl überlegte Inspiration durch die Natur – ein Thema, das im Inneren des Hauses fortgesetzt wird. Rund um den Pool selbst unterstreichen die unregelmäßig geformten Steinplatten die gestalterische Verpflichtung gegenüber natürlichen Formen.

K A P I T E L 1

DRAUSSEN

Die Eroberung der Natur

Ein Schritt hinaus aus den geschlossenen Räumen unserer Häuser und Wohnungen – und schon beginnt das erste Stadium jeglichen Outdoor-Lifestyles. Traditionell gehört zu jedem Haus, unabhängig von Bauweise und Kultur, ein Garten oder irgendeine andere Form von dazugehörigem Freiraum. Die Gestaltung dieses Raums ist meist der Königsweg dazu, eine Beziehung zwischen drinnen und draußen herzustellen. Was auf die großen Traditionen der Gartengestaltung zutrifft (maurische, italienische, französische und englische Gärten), gilt ebenso gut für einen Vorbau, eine Dachterrasse, ein Deck oder einen Balkon, wo Pflanzen in Kübeln und Töpfen formal und effektvoll angeordnet werden.

So wie das viele der nun folgenden Bilder großzügig demonstrieren, kann die Einführung in ein Wohnen im Freien auf wunderbare Weise einfach und informell geschehen. Manchmal genügt es durchaus, eine Bank auf die grüne Wiese zu stellen, manchmal schafft ein schlichter Stuhl, platziert im Schatten eines Baums, ein stilles Eckchen, um das Draußen zu genießen. Blickfang kann aber auch ein Swimmingpool oder ein anderes Spiel mit Wasser sein – vor allem in Gegenden mit mildem Klima –, dazu angelegt, das natürliche Ambiente einzubeziehen. Und auch Wege und Stege in außergewöhnlichen und originellen Formen öffnen sich zur Landschaft hin oder führen uns über Strände und Ufer.

Die betörendsten Bilder dieses Kapitels allerdings sind jene von schattigen, manchmal sogar ein wenig vernachlässigt wirkenden Gärten, in welchen ein Tisch und ein paar Stühle oder eine Bank unter einem Baum verteilt wurden – wahrscheinlich in Erwartung eines Essens im Freien und heiter-unbeschwerter Gespräche. Und in etwas ordentlicherer Umgebung gibt es unter einem Sonnensegel oder einer Pergola, auf einem Deck oder einer Terrasse ähnliche Szenen, die das ganze Jahr über entstehen können.

Vorhergehende Doppelseite
Bank mit Aussicht: der einfachste und direkteste Weg, die Natur zu erobern ist es, ein einfaches Möbelstück darin zu platzieren. In diesem Fall ist es die merkwürdig beruhigende Form einer herkömmlichen Bank aus Holzlatten, aufgestellt in einem provenzalischen Garten, vor dem Panorama aus Kulturlandschaft und Weinrieden.

In öffentlichen Parks oder privaten Gärten oder auch auf einer Dorfstraße bezeichnen Parkbänke oder Stühle einen ersten Schritt, das natürliche Ambiente zu erobern und zu ordnen. Derartige Arrangements sind zwangsläufig Brennpunkte der Kommunikation, wie diese Szene in einem Park in Barcelona *(links oben)* beweist. Rätselhafter ist dagegen die Reihe nicht zusammenpassender Stühle und ihrer zugehöriger »Besitzer« in einem Dorf in Umbrien *(links unten)*. Aber vielleicht warten sie ja auch nur darauf, dass das Geschäft öffnet.

Eine Gartenbank, umgeben von einem üppigen Blätterwald, reicht völlig aus, um einen kleinen Bereich der Ruhe und Kontemplation – hier in einem Garten in der Provence *(oben)* – zu schaffen.
Eben diese Qualitäten bekommen allein durch die beiden, die auf dieser Bank in einem Pariser Park sitzen, einen öffentlichen Anstrich *(unten)*.

Direkt hinter einem wesentlich strikter nach formalen Regeln bepflanzten Garten auf Mauritius liegt dieser Streifen Parkland – dies hier aber ist ein idealer Platz, um die Pracht mauritischer Natur zu genießen.

Dieser ganz unerwartete Platz inmitten von Olivenbäumen und die ungewöhnliche Form des Pools schenken all jenen einen faszinierenden Augenschmaus, die sich entscheiden, diesen einladenden Stuhl in einem Garten in Nizza einzunehmen.

Jeder Ort in einem gepflegten Garten – ob auf der formell angelegten Terrasse der Villa d'Este in Tivoli *(links)* oder auf dem weit weniger formellen Rasen eines schottischen Parks *(rechts)* – kann in einen unkomplizierten und dennoch eleganten Ort der Konversation verwandelt werden. In beiden Fällen ergibt sich der dramatische Effekt aus dem Nebeneinander von extravagantem Blätterwald und der Anmut des hölzernen Mobiliars, dessen helle Farbe es ins Zentrum des Gesamtbildes rückt.

Vielen gelten solche Szenen als pure Essenz dessen, was es heißt, im Freien zu leben: Streifen von Sonnenlicht fallen durch die Äste der Bäume und streifen mit Bedacht ausgewählte Plätze für ein Mahl unter freiem Himmel. Frisches Insellicht beleuchtet Teile dieses geschützten Gartens auf der Île de Ré an der Westküste Frankreichs *(oben)*.

Das kräftigere Licht und die sommerliche Hitze der Region wird durch das Blätterdach über diesem verführerischen Essplatz in einem provenzalischen Garten gemildert *(unten)*. Das leichte Gartenmobiliar kann einfach auch an jedem anderen Platz aufgestellt und am Ende des Tages zusammengelegt werden.

Diese beiden Gärten profitieren ebenfalls vom Spiel aus Licht und Schatten, das Bäumen und Sträuchern zu verdanken ist. Allerdings findet das in höchst unterschiedlichen Licht- und Klimaverhältnissen statt: »Adirondack«-Stühle bieten Bequemlichkeit in einem Garten in der Provence *(oben)*.

Etwas eklektischer ist der Stil des Besitzers dieses irischen Landhauses – aber auch hier kann man die so seltenen wie geliebten schönen Tage des Sommers genießen *(unten)*. Und weil es keinen festgeschriebenen Platz für Tisch und Stühle gibt, kann man einfach dem Sonnenstand folgen.

Manchmal ist es die Welt jenseits, die weite Landschaft, der unendliche Himmel oder die untergehende Sonne, die dramatische visuelle Elemente des Outdoor-Lebens ausmachen. Ein Swimmingpool ist oft der Brennpunkt aller sommerlichen Aktivitäten an der frischen Luft – und ganz besonders in einem milden Klima, wie in der Toskana.
In diesem Fall bietet der Blick vom Pool einen schönen Ausschnitt der klassischen toskanischen Landschaft: Hügel, überragt von den hohen Fingern der Zypressen, vervollständigt durch einen mittelalterlichen Verteidigungsturm.

Folgende Doppelseite
Der Pool kann aber auch ganz für sich selbst ein wesentlicher Platz draußen sein, so wie in diesem Garten in Nizza, wo die ungewöhnliche Form des Pools mit dem Ambiente aus Olivenbäumen und Formschnitt-Sträuchern eine erstaunliche Kombination ergibt.

Zentrales Thema islamischer Gärten ist Wasser – entweder als Teich, Pool, Bassin, Wasserlauf oder Kanal. So oder so: das Wasser ist der Fokus des abgeschlossenen Gartens, Symbol des Paradieses, und ebenso Bestandteil des Wohnens wie die Räume im Inneren des Hauses.

Die Elemente am Rand dieses Pools in Hammamet, Tunesien, evozieren die große Geschichte dieses Landes *(oben)*.

In Granada zählen die Generalife-Gärten der Alhambra zu den grandiosesten Errungenschaften des maurischen Spaniens *(unten)*. Sie stellen die höchste Verfeinerung eines Wohnens im Freien dar: ein rechteckiges Bassin, geschnittene Hecken, Terrakotta-Töpfe – es ist die Quintessenz des Mediterranen.

Die traditionelle Architektur Balis – vielfach imitiert im gesamten pazifischen Raum und in Südostasien – hat eine Offenheit, die Unterschiede zwischen einem Leben drinnen und draußen völlig bedeutungslos werden lässt *(oben)*.
»Häuser« können Pavillons ähneln, die auf einen gemeinschaftlichen Hof hinausgehen, der oft durch ein Spiel mit dem Wasser verschönert wird. Wasserbecken und Brunnen haben eine eigentümlich beruhigende Wirkung im warmen Klima. Es ist jedenfalls schwierig, sich einen friedlicheren Ort vorzustellen als diesen Wasserstreifen in einem Garten auf Mauritius *(unten)*.

Um wirklich zum Mittelpunkt des Lebens im Freien zu werden, sollte ein Pool idealerweise von einem Bereich umgeben sein, in dem all jene Möglichkeiten geboten werden, die man mit Outdoor-Leben verbindet: sonnenbaden, essen, trinken oder einfach im Freien entspannen.

Dieser höchst intime Platz gehört zu einem Haus in Saint-Rémy-de-Provence und besitzt all diese Qualitäten – und mehr noch mit seiner durchdachten Bepflanzung. Das simple Rechteck des Pools korrespondiert mit dem breiten Entrée ins Haus.

Die Besitzer dieser Villa in Apulien, Italien, entschieden sich für den weiten Blick von dieser Seite des Pools aus. Effektvoll formt die Landschaft der Umgebung einen ebenso üppigen wie abwechslungsreichen Hintergrund – gleichgültig, was in diesem weitläufigen, gepflasterten Bereich im Vordergrund auch stattfindet. Der starke Eindruck, den dieses Ensemble vermittelt, entsteht jedenfalls aus den großzügigen Ausmaßen all seiner Komponenten.

Vorhergehende Doppelseite
Zwei sehr unterschiedliche Plätze: einer abgeschlossen, einer offen, beide aber von sehr spezieller Ausprägung entsprechend ihrem jeweiligen Klima und ihrer Umgebung. *Links* der ursprünglich von Louis Majorelle angelegte Garten in Marrakesch, Marokko, der sich über seine Abgeschiedenheit definiert – ein kleines Paradies mit üppiger Bepflanzung und regelmäßigen Bassins. Einen starken Kontrast dazu bildet dieser belgische Garten mit Swimmingpool *(rechts)*, der formal angelegt ist und selbst unter der tief stehenden Wintersonne einen atemberaubenden Ausblick bietet.

Die Wechselwirkung zwischen Wohnen unter einem Dach und Leben draußen im Freien kann Inspiration für so manche faszinierende architektonische Idee sein, für sympathische Materialien, für Wege übers Land oder übers Wasser *(diese und folgende Doppelseite)*.

Der Zugang zum Meer bei einer Villa an der französischen Riviera wird mit einem komplexen System aus Stegen erreicht, einer Brücke auf den vor der Küste liegenden Felsen und schließlich Stufen ins Wasser *(oben)*.

Zu den trockensten Landstrichen dieser Welt zählt die Atacama-Wüste in Zentralchile. In einem Hotel in dieser höchst dramatischen Landschaft hatte man die faszinierende Idee, Holzstege in der Umgebung anzulegen, und zwar komplett mit Rastplätzen, um den Gästen die Möglichkeit zu geben, das Ambiente unmittelbar zu erleben. Das Resultat hat etwas von einer Installation oder von Land Art.

Die verführerischen Effekte von Stegen: Holzstege lenken das Auge, um vorwegzunehmen, was auf den Beinen erkundet werden kann – eine Hütte über dem Wasser in Tahiti *(oben links)*, ein Gästehaus auf einem chilenischen Anwesen *(oben rechts)*, eine Angelmöglichkeit in Chiloë, Chile *(gegenüber links)*, und ein Spaziergang über die Baumspitzen in Rangun *(gegenüber rechts)*.

Glückliches Zusammenspiel aus schönen Ausblicken und zwanglos platzierten Liegestühlen: An den beiden weit voneinander entfernten Grenzen Frankreichs – in der Bretagne *(links)* und in der Provence *(rechts)* – hat man von je zwei Liegestühlen aus grandiose Blicke. Die improvisierten Aussichtspunkte befinden sich nahe an den Häusern.

Die Kombination entsprechender Materialien mit durchdachter Bepflanzung definiert ideale Outdoor-Bereiche zum Leben, Essen und Reden. Besonders dieser Bodenbelag aus Holzdielen stellt sich als unübertreffliche Interpretation dieser Bereiche – hier in San Francisco *(links)* und in der Bretagne *(rechts)* – heraus, die mit den Sträuchern und den Gartenmöbeln ausgesprochen wohnlich aussehen. Zudem bieten diese Decks eine gute Basis für einen übergroßen Kiesel oder eine Kübelpflanze.

Dieses Arrangement in einem marokkanischen Garten ist nicht nur zwischen Sträuchern und Bäumen platziert, sein »hölzernes« Design (das allerdings in Marmor ausgeführt ist) widerspiegelt zudem seine Umgebung – eine originelle Möglichkeit, die Natur zu erobern, die erstmals im 19. Jahrhundert in Mode kam.

Der Natur entlehnte Formen und Materialien, um Gartenmöbel zu gestalten – das scheint einen kollektiven, weltweit gültigen Geschmack zu treffen. Pilzförmige Hocker schmücken diesen phantasievollen Platz in einem Garten Manilas *(oben)*. Massive Baumteile wurden verwendet, um ein Ensemble aus Stühlen und Tischen im Hof dieses Hauses in Kenia zu kreieren *(unten)*.

Ein anmutiges Sonnensegel, getragen von schlichten Holzstangen, genügt, um diesen auf seine Art feierlichen Essbereich in einem provenzalischen Garten zu gestalten *(links)*. Das ganze Arrangement wirkt genauso perfekt wie die Platzierung von Tisch und Stühlen unter einer Glyzinien-Pergola in einem prächtigen Garten in Umbrien *(rechts)*.

K A P I T E L 2

Ü B E R G Ä N G E

Veranden, Terrassen, Patios, Wintergärten

Auf halbem Weg zwischen drinnen und draußen gibt es jene Bereiche, die unmittelbaren Zugang zur Straße, zum Garten oder in die Kulturlandschaft rundum haben. Die meisten dieser hier beschriebenen Orte bieten Platz, damit all das Alltägliche – essen, trinken, Gespräche führen – auch draußen stattfinden kann. Und sie stellen außerdem Raum für Kübelpflanzen zur Verfügung oder dienen als Plattform interessanter Objekte. Dies sind jene Orte, die den Innenraum der Welt draußen öffnen und als solche stehen sie im Mittelpunkt des gesamten Konzepts eines Wohnens im Freien.

Selbstverständlich variiert ihre Form je nach Klima, Topographie und lokalen Traditionen. In sonnigen, subtropischen Regionen müssen die Plätze schattenspendend sein, vor Hitze und natürlich auch vor starkem Regen schützen. Von besonderem Interesse sind in diesem Zusammenhang Häuser in Japan, Thailand und Bali: Dachvorsprünge und Paravents schaffen Bereiche, in denen das Drinnen nahtlos ins Draußen übergeht, wo ein Großteil des Familienlebens stattfindet. Im Westen dagegen sind es Loggien, Balkone und Terrassen, die das Haus ins Freie erweitern. Abgeschiedene Innenhöfe und verborgene Stadtgärten werden hier gezeigt: die alten Häuser Marokkos vor allem, die oft Höfe haben , die sowohl als Gemeinschaftsplätze dienen als auch Licht in tiefer gelegene Räume bringen.

Viele der hier illustrierten Strukturen werden von Pflanzen sowie von Arrangements aus Möbeln und Ornamenten belebt: bescheidene Vorbauten bei der Eingangstür und grandiose, von Säulen getragenen Veranden, Hinterhöfe und Miniaturparks in großen Städten. Eine Vielzahl von Möglichkeiten, die aber samt und sonders aufschlussreiche Beispiele dafür sind, auf welche Weise eine angenehme Verbindung zu schaffen ist zwischen dem begrenzten Innenraum und der Freiheit draußen.

Einer der ersten und wesentlichsten Räume im Übergang zwischen drinnen und draußen ist der Front-Vorbau – ein Platz, an dem Besucher willkommen geheißen werden oder einer, wie im Fall dieses reich dekorierten, neoklassizistischen Beispiels aus Stockholm *(links)*, an dem man eine kurze Pause einlegen kann, bevor man ins Haus geht.

Ähnlich die Gestaltung des Übergangs aus einem von einer Mauer umgebenen Garten – hier in Sri Lanka *(rechts)* –, der durch eine Sitzgruppe markiert wird, von der aus man einen Blick auf Passanten werfen oder in der kühleren Abendluft ein Gespräch führen kann.

Wenn Wetter und Klima es erlauben, gehört es in vielen Kulturen zum Selbstverständlichsten, den Bereich unmittelbar beim Haus in einen Raum zu verwandeln, in dem man sich geruhsam und beschaulich erholen kann.

Diese Beispiele – Hampi, Karnataka, Indien *(oben)*, Kuba *(gegenüber links)* und Normandie *(gegenüber rechts)* – zeigen, wie ein erweiterter Vorbau, ein Patio und ein Hof zu einem zusätzlichen »Raum« des Hauses werden kann.

Folgende Doppelseite
Selbst im verschneiten Quebec sind die Vorteile von Veranden und Balkonen offensichtlich. Von hier aus hat man Aussicht, man kann sich von verschiedenen Teilen des Hauses aus unterhalten, Kinder haben einen Spielplatz und es ist Platz für extravagante Dekorationen. Im Sommer sind sie natürlich eine veritable Erweiterung des Lebens zu Hause – ein Platz, um zu essen, zu trinken und sich zu unterhalten.

3854

Überhängende Dekorationen schützen das Innere dieses traditionellen Hauses in Bangkok. Zusätzlich schaffen sie aufgrund ihrer Konstruktion eine Veranda oder zumindest einen erweiterten Vorbau, der den Übergang von natürlicher Umgebung zu künstlich geschaffener symbolisiert. Dieser Vorbau repräsentiert einen bestimmten Status und dem Familienleben bietet er ein Forum.

Ganz anders der reiche Schmuck dieses viktorianischen Entrées in Quebec, das ebenso Ort des Aufeinandertreffens als auch der Konversation ist und zudem die Wichtigkeit des Hauses und seiner Bewohner repräsentiert. Die Erweiterungen an jeder Seite der beiden Säulen machen es wahrscheinlich, dass der Architekt einen stufenweisen Übergang von der Straße in das Haus hinein beabsichtigte.

Auf halbem Weg zwischen privaten und öffentlichen Lebenswelten bilden Veranden, Terrassen und schließlich auch Gärten eine Zäsur zwischen dem Verborgenen und dem Öffentlichen. Solche Bereiche können einfach und schlicht sein, was ihre Struktur und ihre Möblierung betrifft (*oben* in Südwest-Frankreich), oder kunstvoll ausgeführt wie bei dieser tunesischen Villa *(gegenüber)*. Die Erweiterung dieses Hauses ist mit Keramik und steinernen Elementen bestückt, was eine klare Botschaft bedeutet: die Veranda ist sowohl Ergänzung der Innenräume als auch ein Platz, an dem Besucher freundlich willkommen geheißen werden.

Veranden und Loggien erfüllen unterschiedliche Bedürfnisse. Sie können zusätzliche Speisezimmer im Freien sein – dieses besonders verschwenderische Beispiel gehört zu einem Haus auf Mauritius *(oben)*. Abgesehen davon können solche Anbauten (*gegenüber* ein mexikanisches Haus) aber auch als geradezu ideale Orte der Entspannung dienen. Außerdem bieten sie perfekte Hintergründe für Objekte wie Skulpturen oder große tönerne Töpfe, deren Ausmaße und Materialien sie wenig brauchbar für Innenräume machen.

Menschen aus mediterranen Gegenden, die das Glück haben, einen Großteil des Jahres über schönes Wetter genießen zu können, gehen mit dem Leben im Freien besonders unkompliziert um. Ein fast beiläufig eingerichteter Hof oder Patio, ein Stuhl oder zwei und vielleicht auch noch ein Vordach – so wie an diesem Haus in Salina auf Lipari, einer der Äolischen Inseln – reichen völlig aus, um sowohl den Schutz vor der Hitze als auch die Üppigkeit der Vegetation zu genießen.

In einem sehr warmen Klima wie jenem auf Tahiti spricht vieles dafür, den Materialien für die Konstruktion offener Bereiche, aber auch für deren Möblierung besondere Aufmerksamkeit zu widmen. Herkömmliches Wohninterieur wäre hier fehl am Platz, viel schönere Effekte erhält man mit Bambus- oder Korbmöbeln sowie mit haltbarer Handwerksarbeit aus der Gegend.

Als Zwischenstadium und Übergangsbereich sind Loggien, Veranden, Terrassen und Patios ideale Plätze für Genüsse im Freien – zum Essen und Trinken, für Gespräche und für entspanntes Nachdenken obendrein. Im warmen Klima oder zumindest in einigermaßen temperierten Zonen dienen diese Bereiche als zusätzliche »Außenräume«, wo Stühle und Tische aufgestellt werden, um ein weiteres Esszimmer zu gewinnen. Ein paar Exemplare schlichter rustikaler Möbel und ein gepflasteter Boden direkt vor dem Haus – wie bei diesem Beispiel auf der Île de Ré vor der Westküste Frankreichs – ergeben einen ebenso robusten wie flexiblen Platz für geruhsamen Genuss und Beschaulichkeit.

Wesentlich formeller als das vorangegangene französische Beispiel sind Konstruktion und Arrangement dieser schön gefliesten Loggia eines Hauses auf Mauritius. Obwohl alle Materialien und Formen dem angemessen sind, was Fakt ist – ein Raum mit bloß einer Wand –, entsteht der Eindruck beherrschter Förmlichkeit. Wenig erinnert hier an Improvisation, und dennoch hat man das Gefühl, der Bereich würde benützt und gelte als weiterer Raum des Hauses. Tropische Pflanzen in Holztöpfen komplettieren dieses geordnete und komfortable Szenario.

In einem anderen Teil der auf Seite 67 präsentierten Loggia – auch hier ist alles sehr formell möbliert, doch die Materialien passen ausgezeichnet: Plantagenstühle aus autochthonem Hartholz *(oben links)*. Alle hier illustrierten Beispiele wenden sich mit einem gewissen Grad an Formalität der Außenwelt zu, auch der Essplatz dieses traditionellen Hauses auf Bali *(oben rechts)*.

Und im Florian, dem berühmten Café auf der Piazza San Marco – laut Napoleon Europas »schönster Salon« – in Venedig, wird Kaffeetrinken im Freien fast zum Ritual *(gegenüber)*.

58
FLORIAN
TEA-ROOM

Holen wir die Landschaft der Umgebung herein: die einfache und doch robuste Veranda eines Hauses auf Mauritius zeigt, wie das Leben zuhause – in diesem Fall repräsentiert durch eine elegante Bank – mit dem angrenzenden Feld gleichzeitig koexistieren und kontrastieren kann.

Ein weiteres Beispiel aus Mauritius: Eine Veranda wie diese zeigt, wie unendlich vielfältig die dekorativen Möglichkeiten sind. Das Geländer ist von delikater Feinheit, während die Hängematte – sicherlich eines der essentiellen Bestandteile wahrhaftigen Wohnens im Freien – mit hängenden Troddeln verschönert ist.

Ohne den weiten Blick in die Landschaft werden Veranda oder Terrasse noch stärker zum Ort des Übergangs – gleichermaßen Teil des Hauses wie des Gartens, hier belebt durch einen Vogel im Käfig. In diesem Beispiel aus Santiago de Chile *(links)* scheinen die Pflanzen nahtlos aus dem Garten auf die Terrasse überzugehen.

Den Bäumen im Garten ebenso nah, wenn auch mit einer gewissen Abgrenzung, ist diese Veranda eines Hauses in Rangun *(rechts).*

Eine derart großzügig angelegte Loggia, wie dieses Beispiel aus Italien, ist ein Raum für pompöse Zurschaustellung und Dekoration. Und, wie in einem Kloster, ist er ein Ort der Meditation und des Wandelns. Kunstvolle Statuen und Fresken vervollständigen Prunk und Weitläufigkeit.

Auf modernere Art erstreckt sich diese einnehmende Loggia entlang der Gartenfassade eines Privathauses auf Mauritius. Wesentlich ist es hier, Raum für praktisch alle häuslichen Aktivitäten zu schaffen, und zwar mit dem Vorteil, einen Blick auf den Garten jenseits der Säulen zu haben. Die Loggia ist Teil eines eleganten Hauses und gleichzeitig eine Erweiterung des Gartens, dessen Vegetation sich über die Balustrade, die die beiden Bereiche trennt, streckt. Dies ist wahrlich ein Übergang zwischen zwei Welten.

Die Ausmaße dieser Veranda entlang einer Seite eines noblen chilenischen Landhauses *(oben)* machen sie zum idealen Treffpunkt für die ganze Familie. Genauso kann sie Ort für Geschäfte sein – ein Meeting mit dem Verwalter und den Arbeitern beispielsweise. In einem traditionellen Thai-Haus in Bangkok *(unten)* schützt der Dachvorsprung vor dem Monsun und schafft gleichzeitig den Übergangsbereich zwischen dem Haus und seiner natürlichen Umgebung. Die Außenwände bestehen oft aus beweglichen Schirmen, so dass das Leben der Bewohner durch das Beobachten des Wechsels der Jahreszeiten und die dadurch gewonnene Achtung vor der Natur und ihrer Kraft unmittelbar jenseits der Verandabalustrade bereichert wird.

Beide hier abgebildete Loggien (*oben* ein Haus auf Mauritius) haben Grandezza. Es sieht so aus, als hielten sie die Natur in Schach – ein Eindruck, der möglicherweise durch die eleganten Säulen entsteht, die diese Veranden zu effektvollen Galerien machen, um sich die Schönheit des Gartens anzusehen, aber auch zu einem idealen Ort des Familienlebens.
Die Position der Stühle auf dieser grandiosen Galerie eines Hauses auf Mallorca *(unten)* lassen vermuten, dass diese Veranda vor allem als Aussichtspunkt für den Blick nach draußen dient.

Die Galerie-Veranda dieses chilenischen Landhauses stellt ausreichend Platz an der Wand zur Verfügung und bietet dieser Sammlung von Möbeln, Objekten und Gemälden gleichzeitig Schutz.

Als Teil eines Privathauses in Marseille ist diese geflieste Galerie offensichtlich in das Leben der Bewohner integriert – zum Essen, für Gespräche und mit Eingängen zu verschiedenen Räumen im Inneren. Und sie ist groß genug, um vor den Unbilden des Wetters zu schützen.

Folgende Doppelseite
Diese Veranda eines chilenischen Hauses dient als zusätzlicher Raum oder als Galerie, auf der die Möblierung und Dekorationen ein perfektes behagliches Bild abgeben. Ihre Qualität als Übergangsbereich jedoch wird durch die Überfülle der Vegetation, die zwischen den Säulen hereinragt, betont.

Elegante Bögen, subtile Farben, ein Fries aus Fliesen und der Marmorboden schenken diesem Balkon in Havanna Grazie und Noblesse.

Dekoratives entstanden aus traditioneller chinesischer Laubsägearbeit: der überhängende Dachvorbau an einer Veranda eines Hauses in Shanghai.

Karibischer Stil: Was den Schmuck mit feinen Holzarbeiten betrifft, haben sich die Gestalter dieser Gebäude auf den Bahamas bei einer ganzen Reihe von Galerien und Balkonen in den oberen Stockwerken keine Grenzen gesetzt.

Ein weiteres Beispiel von den Bahamas: Die Holzarbeiten des Geländers sind hier weniger verspielt, stattdessen wird der Blick der Bewohner auf den Garten und den Ozean gelenkt.

Säulen und Bögen verleihen Loggien und Veranden Würde. Diese Beispiele etablieren sie als integrierte Bereiche, die eine Brücke zwischen drinnen und draußen schlagen, und das tun sie mit einer Vielfalt an Stilen und architektonischen Ausführungen, an Materialien und Ausblicken: Saigon *(ganz links oben)*, Goa *(links oben)*, Kuba *(ganz links unten)*, Chile *(links unten)*, Saigon, Florenz, Finnland *(rechts oben von links nach rechts)*, Bretagne, Guatemala, Istanbul *(rechts unten von links nach rechts)*.

Vom Garten – der prachtvoll zum Hudson River hin abfällt – aus betrachtet, fügt diese Kolonnade einem grandiosen Haus eine weitere Note formaler Noblesse hinzu. Ein Großteil des sommerlichen Lebens findet hier statt und die Möbel sind deshalb auch in mehreren Gruppen positioniert, ganz so, wie es auch in einem Salon der Fall wäre.

Auf der gegenüber beschriebenen Veranda – hier aus anderer Perspektive gesehen – werden Metallstühle aus den 1940er Jahren mit zeitgenössischen Klappsesseln und von Edwin Lutyens designten Sitzbänken kombiniert.

Bögen, Gewölbe und Säulen zählen zu den wesentlichsten architektonischen Stilmitteln, um Übergangsbereiche zwischen drinnen und draußen, zwischen Licht und Schatten zu kreieren. In diesem Haus im tunesischen Hammamet *(links)* werden sie verwendet, um eine Terrasse in fast klösterlichem Stil zu schaffen, von der man einen schönen Blick in die Blütenpracht des Gartens hat.

Die Herrschaft über den Essplatz auf der Veranda dieses Hauses in Guatemala scheinen die Pflanzen zu übernehmen *(rechts)*.

Die extreme Höhe der Säulen an diesem Hotel in West-Frankreich *(gegenüber)* – es ist ein ehemaliges Jagdhaus und heute im Besitz eines bekannten französischen Kochs – vermittelt schlichte Nüchternheit.

Balkone an Stadthäusern, oft geschmückt durch Schmiedeeisen-Geländer aus dem 19. Jahrhundert, stellen zusätzlichen Raum in einem Gebiet zur Verfügung, in dem Platz zu haben hoch im Kurs steht. Hoch über dem Staub und Lärm der Straßen dienen diese Balkone als Erweiterung der oberen Räume und, sofern sie durch Dachvorsprünge geschützt sind, als zusätzlicher Erholungsraum. Dieses Beispiel aus Buenos Aires verbindet die simpelste Form eines Balkons mit der ausgefeiltesten Schmiedeeisen-Arbeit eines Geländers.

Dieses Haus in Athen *(oben)* trägt einen schlichten Balkon mit einfachem, möglicherweise von einem ansässigen Schmied ausgeführten Geländer.
Wesentlich kunstvoller wurde Schmiedeeisen im 19. Jahrhundert für Balkone und Veranden in Australiens Städten verwendet. Das Klima begünstigte die Entwicklung von Veranden und Balkonen mit Dachvorsprüngen, begleitet von feinen Schmiedeeisen-Arbeiten für die Geländer. Sie waren oft eine Reminiszenz an Londoner Stadthäuser, wie diese beiden Beispiele *(unten)* in Sydney zeigen. Die meisten der weltweit verwendeten Schmiedeeisen-Arbeiten waren vorgefertigt und wurden nach (vor allem britischen) Katalogen bestellt. Man meinte, dieses Material würde nur als Schiffsballast während der Überfahrten verwendet. Doch das scheint angesichts der Fragilität der hier präsentierten Arbeiten unwahrscheinlich.

Kleine Dachterrassen oder Balkone sind von universellem Reiz: höchst effektvoll bieten sie einen privaten Aussichtspunkt über die Gärten und Straßen tief unten. Alle Beispiele auf dieser Doppelseite zeichnen sich durch eine wunderbare Abgeschiedenheit aus, die es dennoch erlaubt, mit der Welt rundum in Berührung zu bleiben: Ägypten *(links)*, Neapel *(rechts oben)*, Mauritius *(ganz rechts oben)*, Marseille *(rechts unten)* und Cévennes *(ganz rechts unten)*.

Zum Garten hin offen, doch gut geschützt schenkt diese Loggia eines Hauses in Guatemala *(links)* viel Platz für Möbel und Dekoration und schafft so einen schönen Übergang vom Dunkel des Hauses in das lichte Blühen draußen. Viele Veranden oder Terrassen, oft simpel gestaltet und konstruiert, sind für opulente Möbel ungeeignet, dieser hier abgebildete Platz jedoch ist so offensichtlich Teil der Räume des Hauses, dass auch das Mobiliar und die Dekoration ausgesprochen wohnlich wirken.

Die Veranda dieses Hauses in Kairo *(rechts)*, von der man einen Blick über den Nil hat, zeigt deutlich, wie flexibel ein derartiger Anbau als Erweiterung der Wohnung sein kann. Wandschmuck, Dekorationen und offensichtlich komfortables Mobiliar erklären diesen Platz zu einem Ort entspannter Unterhaltung, geschützt vor der Hitze und dem scharfen Sonnenlicht des Tages. Zudem kommt man hier in den Genuss jeder noch so schwachen Brise.

Vorhergehende Doppelseite
High-end des Lebens im Freien: diese vier Terrassen sind samt und sonders von überlegter Konstruktion und geschaffen, um sowohl Teil des Hauses als auch sensationeller Aussichtspunkt zu sein. Große Aufmerksamkeit wurde offensichtlich auch der Ausstattung geschenkt, die zwar schick, aber dennoch funktionell ist: Sizilien *(Seite 96 oben und unten)*, Umbrien *(Seite 97 oben)* und Istanbul *(Seite 97 unten)*.

Weit weniger formell als die zweckgebunden errichteten Terrassen der vorhergenden Seiten, auf seine Art jedoch ebenso attraktiv und funktionell ist der oft schon genannte Patio oder Hof. In beiden hier abgebildeten Fällen – Korsika *(links)* und Île de Ré *(rechts)* – war, um einen rund um die Uhr nutzbaren Bereich zu schaffen, nicht mehr notwendig, als Stühle und einen Tisch an einen Platz zu stellen, der vom Haus aus einfach zu erreichen ist.

Dieses Ensemble aus einem Tisch und Stühlen vor einem Haus in Guatemala scheint mit wenig Aufwand entstanden zu sein: man hat einfach die Möbel von drinnen nach draußen getragen. Trotzdem sollte man nicht übersehen, wie effektvoll die Wahl der Farbe für die Fensterläden und die Wand der Gartenfassade ist.

Große Pflanzen für schattige Plätze im warmen Klima sind oft die Voraussetzung für einen bewohnbaren Innenhof. Dieser schattige Fleck grenzt an ein traditionelles hölzernes Thai-Haus in Bangkok.

Eine völlig andere Qualität des Outdoor-Lebens als die vorhin präsentierten Terrassen und Veranden bieten abgeschiedene Innenhöfe. Ohne Blick in die Umgebung sind sie weit mehr das »Zimmer im Freien«. So wie bei diesem Beispiel aus Bali kann sich der Innenraum direkt zu dem ummauerten oder umzäunten Bereich öffnen.

In diesem Innenhof auf Madeira hat man das Gefühl, in einem Wintergarten zu sitzen. Seine Rolle als Übergangsbereich wird durch den Kiesboden unterstrichen – ein natürliches Material, das praktisch genutzt wird. Die Bepflanzung ist schlicht, aber elegant.

Outdoor in großem Stil: in Erwartung der Gäste zwei Arrangements für Familienfeste im indischen Rajasthan *(links)*.

In den Cafés auf der fashionablen Piazza San Marco in Venedig *(rechts)* werden die Stühle und Tische symmetrisch aufgestellt – ausnahmsweise menschenleer und ohne eine einzige Taube.

In urbanem Ambiente dienen abgeschiedene kleine Räume unter freiem Himmel, privat oder öffentlich, dazu, das grundsätzliche Problem zu lösen, irgendwo wenigstens etwas zu haben, wo man das Bedürfnis nach einem Wohnen im Freien stillen kann.
Eine ausgesprochen private Atmosphäre vermittelt dieser befestigte Garten *(oben links)*, der zum Haus eines Londoner Architekten gehört, der für seinen minimalistischen Zugang zu Design berühmt ist.
Einen ähnlich abgeschiedenen Eindruck macht der mit kleinen Bäumen bepflanzte Innenhof eines traditionellen Hauses in Marrakesch *(oben rechts)*.
Und für einen Moment der Stille im Lärm und Getriebe New Yorks gibt es immer wieder »Miniaturparks«, oft wie mit einem Schuhlöffel eingepasst in jede nur erdenkliche Lücke zwischen den hoch aufragenden Mauern der Wolkenkratzer *(gegenüber)*.

Der Innenhof dieses traditionellen Thai-Hauses ist die nahtlose Erweiterung des Innenraums und erzählt von einer Kultur, in der das Betrachten der Natur von höchster Wichtigkeit ist. Zudem ist er ein idealer Platz, um Skulpturen und dekorative Pflanzen aufzustellen.

Eine ähnliche Wirkung, was die Korrespondenz zwischen drinnen und draußen betrifft, wird in diesem Haus in der Normandie durch die gläsernen Schiebetüren erreicht. Die Atmosphäre eines intimen, privaten Innenhofs ergibt sich durch den hohen Zaun, der die ausschließliche Verwendung von Holz für das gesamte Ensemble fortsetzt.

In der alten Stadt Essaouira an der marokkanischen Atlantikküste gibt es eine ganze Reihe schöner Häuser. Dieses Beispiel *(links)*, eben renoviert, ist ein Ensemble aus ineinander übergehenden Terrassen und Räumen. Das Fehlen konventioneller Türen und Fenster lässt Licht und Luft fließen – vom Salon über den Balkon bis zum Dachgarten.

Ein anderes traditionelles marokkanisches Haus – hier in Marrakesch *(rechts)* – ist um einen zentralen offenen Raum angelegt, der den klassischen islamischen Innenhof auf eine neue, zeitgemäße Weise interpretiert. Delikat gearbeitete antike Holztüren aus der Entstehungszeit des Hauses im 17. Jahrhundert sind mit modernen Bodenfliesen, die an die Muster von Webearbeiten der Berber hinweisen, kombiniert. Bestimmt wird der Platz weiters durch vier Orangenbäume rund um einen niedrigen Kiesbrunnen, vier große Laternen und »Butterfly«-Stühle aus Metall und Leinen.

Diese beiden Innenhöfe in Paris *(oben)* und auf der Île de Ré *(unten)* wurden mithilfe von Kletterpflanzen belebt. Damit wurde ein Raum, der andernfalls relativ düster und gesichtslos wäre, außergewöhnlich und dynamisch – ein perfekter Platz für eine kleine Reise durch die Hintertür ins Freie.

Diese beiden Gärten vereinen durch Design, Struktur und Material alle Vorstellungen, die man vom Wohnen im Freien hat. In dem Garten auf Mallorca *(oben)* ist es die verfeinerte Rustikalität in der Verwendung des rauhen Steins als Zaun und Sitzmöglichkeit. Anders im Garten eines Bildhauers in Stockholm *(unten)*, in dem Holz das vorherrschende Thema ist: Zum verblüffenden Fokus werden die sorgfältig arrangierten Äste – ganz so, als hätte der riesige Vogel Material für sein Nest zusammengetragen.

Schlichtes, handgemaltes Design an der Wand und ein Brunnen ziehen in diesem Innenhof in Sevilla viel Aufmerksamkeit auf sich, und zwar sowohl in atmosphärischer als auch in visueller Hinsicht – möglicherweise maurisches Erbe.

Die hohen Wände dieses marokkanischen Gartens geben durch die Öffnung über der Tür ein Versprechen für die Welt jenseits dieser Grenze – Memento für eine größere Perspektive. Die Bambusmöbel stammen fraglos von lokalen Märkten.

Hohe, ungeschmückte Wände sind eine Möglichkeit, einen Hauch von Geheimnis und Intimität zu schaffen, wie das in dem marokkanischen Garten *(links)* mit der gemauerten, rechteckigen Bank der Fall ist.

In seinem Barcelona-Pavillon *(rechts)* – er gilt als eines der schönsten Beispiele moderner Architektur – verwendete Ludwig Mies van der Rohe die hohen Wände, um eine Folge grandios korrespondierender Räume rund um einen Pool, der in einen weiten Sockel aus römischem Travertin eingelassen ist, zu schaffen. Insgesamt eine brillante Modernisierung maurischer Tradition.

Erweiterungen nach oben und nach hinten hinaus sind eine Möglichkeit für die Bewohner von Appartements in großen Städten wie beispielsweise London, wo diese Freiräume meist nicht speziell gebaut wurden, sondern erst im Zuge eines Gesamtumbaus entstehen.

Diese Terrasse an einer Londoner Wohnung wurde in einen abgeschiedenen blühenden Himmel verwandelt, den simple Materialen und gut ausgewählte Pflanzen höchst lebendig machen.

Für viel Farbe sorgen Baumaterial und die großen Keramiktöpfe auf dieser sonnigen Terrasse in Paris.

Irgendwo zwischen Terrasse und Veranda angesiedelt, führen diese beiden Strukturen das selbstbewusste Nützen des Raums vor, indem wirkungsvolle Dachgärten geschaffen wurden. Beiden kommt die üppige Bepflanzung zugute – einmal *(oben)* tief in der chilenischen Landschaft, das andere Mal *(unten)* in der Nähe Roms.

Diese Dachterrasse *(oben)* im stark verbauten Zentrum von Paris bezieht ihre Wirkung als Outdoor-Speisezimmer und Ort der Entspannung aus den Pflanzen, von denen hier so viele untergebracht sind, wie es auf diesem kleinen Platz nur möglich ist. Im Gegensatz dazu diese wunderbar kühl wirkende Terrasse im tunesischen Hammamet *(unten)*, die sich der reichen Vegetation außerhalb erfreut. Gemeinsam ist beiden die Verwendung von Weiß als dominante Farbe.

Die atmenden Bereiche großer Städte: Auf einer privaten Dachterrasse in New York *(oben)* genießt man den Luxus eines Blicks auf die nächtliche Skyline. Im Zentrum San Franciscos *(gegenüber)* hat man praktisch jeden hier sichtbaren flachen Platz zwischen den hoch aufragenden Gebäuden in einen Miniaturpark oder in eine Terrasse für die Angestellten der hier untergebrachten Büros verwandelt.

Folgende Doppelseite
Dieses renovierte Haus im marokkanischen Essaouira trägt eine Terrasse – ein zusätzliches, dachloses Wohnzimmer, offen für die Welt rundum und doch ausgesprochen privat. Requisiten wurden hier sparsam verwendet, doch die simplen Materialien und Strukturen vermitteln eine komfortable Atmosphäre: Sonnenschirme auf drehbarem Gestänge, Appliken und eine Vielzahl an Möglichkeiten, um einfach zu faulenzen.

K A P I T E L 3

EIN ZIMMER IM FREIEN

Lauben, Belvederes, Pavillons, Sommerhäuser

Es liegt eine immer wiederkehrende, kindliche Faszination in der Idee des »kleinen Hauses«, eines Zufluchtsorts ganz hinten im Garten, dort, wo man frei ist von all den Anforderungen des familiären Alltags. Eine interessante Variante dieser Absonderung vom formellen Zentrum begann sich in der Gestaltung moderner Hotels zu zeigen, und zwar vorwiegend in tropischen und subtropischen Gegenden. Eine Reihe von Beispielen für Strukturen, in denen Hotelgäste fern des Haupthauses untergebracht werden, wird auf den folgenden Seiten gezeigt. Manche sind komplette Mini-Residenzen, manche schicke Restaurantterrassen im Freien, allen aber ist gemein, dass sie ein Gefühl von Intimität vermitteln und eines, als wäre man zu Hause. Die meisten von ihnen sind sensibel für lokale Traditionen und die umgebende Landschaft gestaltet und konstruiert.

Im Westen wird dieses Konzept eines »kleinen Hauses« in Sommerhäusern und Pavillons unterschiedlichster Stile repräsentiert. Verbunden ist mit diesen Plätzen immer das Gefühl, dass sie für irgendeine kreative Aktivität verwendet werden sollten – schreiben oder komponieren zum Beispiel – oder für ein anderes, vollkommen heimliches Tun.

Der Einfluss von südost-asiatischer Architektur, vor allem jener Balis, ist in vielen hier abgebildeten Beispielen deutlich sichtbar und wird durch ausladende Dachvorsprünge, oft von Säulen getragen, charakterisiert. Die »Wände« sind generell offen, erlauben Blicke in den Garten, die Vegetation oder über die ganze Landschaft und ermöglichen einen Wohnstil, bei dem drinnen und draußen in gleichem Maße gültig sind.

Schlicht, zeitlos und kultiviert ist diese Hütte am Pool eines Ferienresorts in Kenia. Sie ist typisch für die Entwicklung modernen Hoteldesigns in tropischen Regionen. Für diese Drinnen-/Draußenkonstruktion wurden lokale und leicht erhältliche Materialien verwendet, die ortstypischen Stil und Kultur sowohl reflektieren als auch respektieren.

Für diesen »Unterstand« in einem Garten Balis wurden lokale Materialien so nachhaltig verwendet, dass der Eindruck entsteht, die Konstruktion wäre Teil der Vegetation.

Typisch für die neue Generation »dezentraler« Hotels ist diese Anlage in Bangkok, die eine Reihe offener Bereiche hat, die von hölzernen Strukturen in traditionellem Thai-Stil gedeckt sind und den Gästen Entspannung abseits des Haupthauses bietet. Einen speziellen Status verleiht dieser Konstruktion das tempelähnliche Dach.

Für diesen Essplatz in einem Garten auf Mauritius wurden rustikale Materialien und eine schlichte Konstruktionsweise verwendet, um eine Alternative zum formellen Haupthaus zu schaffen. Leichtgewichtige Bugholzstühle komplettieren dieses einfache und dennoch höchst effektvolle Ensemble.

Das Design dieses eleganten Pavillons an einem See in Schweden wurde unübersehbar von der im 19. Jahrhundert modernen Chinoiserie inspiriert. Er wirkt wie der ideale Platz um einen Roman zu schreiben, eine Symphonie zu komponieren oder eine heimliche Affäre zu haben.

Die räumlichen Möglichkeiten dieser stabilen Cottage in einem schottischen Fischerdorf wurden durch den Anbau eines viktorianisch inspirierten Wintergartens erweitert.

Dieser mit einem Zelt gedeckte Pavillon in einem Naturcamp und Wildnisresort auf der indonesischen Insel Moyo ist ein gutes Beispiel für neue Trends luxuriöser Unterkünfte, in denen lokale Naturmaterialien verwendet werden, um eine Umgebung zu schaffen, die eins ist mit der Landschaft – wahrhaft flexibler Luxus!

Original balinesische Architektur wie bei diesem Pavillon ist aufgrund ihrer Offenheit bemerkenswert. Sie widerspiegelt eine Kultur, in der die Wertschätzung der Schönheiten der Inselflora eine zentrale Rolle spielt. Ein massives, überhängendes Dach schützt vor Regen, lässt jedoch in diesem oft feucht-schwülen Klima die Luft frei zirkulieren.

Eine Reihe von zurückhaltend gestalteten Hotels stehen den Besuchern von Uluru, einst als Ayers Rock auf dem Kimberleyplateau bekannt, zur Verfügung *(links oben und unten)*. Dieses luxuriöse Zeltresort schafft einen sympathisch modernen Kontrast zur dramatischen Landschaft.

Gartenwege geraten wegen ihres reinen Nutzwerts, von einem Ort zum anderen zu führen, oft ins Hintertreffen, wenn es um ihre Gestaltung geht. Dabei könnten sie ebenso wichtig sein wie Gebäude oder Pflanzen, wenn es darum geht, Außenräume zu designen. Dieser aus großen Kieseln bestehende Pfad in einem Kaktusgarten in Baja California *(rechts)* beispielsweise ist eine skulpturale Formation inmitten der spärlichen Vegetation und führt auf die von einem Zeltdach geschützte Hängematte zu.

Das Bedürfnis nach einem Zimmer, einer Rückzugsmöglichkeit fern vom Haupthaus und seinen Anforderungen ist in vielen Kulturen vorhanden. Solche Bauten mögen aus bestimmtem Grund errichtet werden – als Musikzimmer, als Refugium eines Schriftstellers oder einfach als ein Ort abseits, zum Nachdenken, Ausruhen, Meditieren. Ganz so wie diese beiden Konstruktionen in einem schwedischen Park *(links)* und in einem balinesischen Palastgarten *(rechts)*.

Ein klassisches Zentrum in den Parks, die im 19. Jahrhundert in großer Zahl entstanden, war der Musikpavillon. Dieses spezielle, schneebedeckte Exemplar befindet sich in Quebec.

Das offene chinesische Gitterwerk schenkt diesem traditionellen Pavillon in Shanghai Lichtdurchlässigkeit und Transparenz.

Dieser kleine Sommerpavillon in einem Stockholmer Garten ist ein idealer Patz für stille Stunden und Kontemplation.

Eliel Saarinen gestaltete dieses Sommerhäuschen in der ersten Dekade des 20. Jahrhunderts für seinen Garten im finnischen Hvittsträsk. Das vornehme Design widerspiegelt die Kunst und die kunsthandwerklichen Wurzeln des Architekten.

Ein schlichtes Sommerhaus in einem Stockholmer Garten bietet einen hellen und luftigen Platz zur Entspannung. In diesem Fall ist es die willkommene Alternative zu einem sehr geschäftigen Haushalt, in dem auch das Studio des Bildhauers, dem dieser Pavillon gehört, untergebracht ist.

Im chilenischen Regenwald befindet sich das Anwesen eines prominenten amerikanischen Milliardärs, der auch ein großer Umweltschützer ist. Alle Gebäude, bis hinab zum einfachsten Schuppen, sind umweltfreundlich gestaltet.

Dieser einfache hölzerne Bau, in der Gegend als »Wunschhütte« bekannt, steht nördlich von San Francisco auf einem leeren Grund oberhalb des Meeres. Die Menschen benützen sie als Zuflucht für Meditation, Gebet oder einfach, um hier zu sitzen. Ihr bescheidenes Inneres ist mit Votivgaben – Muscheln oder Kieseln, gesammelt am nahen Strand – geschmückt.

Diese Laube, die Eliel Saarinens als Essplatz für seinen Garten in Hvittsträsk kreierte, zeigt eine Sichtweise häuslichen Designs, in dem jede Einzelheit Teil einer Gesamtkomposition ist. In diesem Fall schaffen das Zusammenspiel aus dem hölzernen Gitterwerk und den ebenfalls durchbrochenen Möbeln ein Ensemble, das sich in den Garten rundum einfügt.

Herzstück traditioneller balinesischer Architektur ist der *bale* genannte Pavillon, den es seit Jahrhunderten gibt. Man sieht ihn bei Privathäusern, wo das Fehlen jeglicher Wände den Bewohnern erlaubt, ohne Hindernis am Leben im zentralen Innenhof eines typisch balinesischen Hauskomplexes teilzunehmen. Ein scharfkantiges Giebeldach mit einem Dachvorsprung schützt gleichermaßen vor Sonne und heftigem Regen. Diese Pavillons gibt es auch innerhalb von Tempelanlagen, dann aber tragen sie oft eine Dachkrone, die auf den Status als Schrein hinweist.

Der Einfluss der südost-asiatischen, offenen Pavillonarchitektur hat sich über den gesamten pazifischen Raum verbreitet. Bei diesen beiden Beispielen – eines aus Australien *(links)*, das andere aus Bali *(rechts)* – zeigen adaptierte Versionen: zwanglose Sitzgelegenheiten für einen geruhsamen Nachmittag im Freien.

Auch diese Erweiterung eines Pools in Los Angeles macht den Eindruck, als wäre sie von den Prinzipien der Pavillonarchitektur beeinflusst. Diese Konstruktion erlaubt, problemlos von drinnen nach draußen zu gelangen, und die natürlich wirkenden Baumaterialien des Dachs fügen sich perfekt in den Kontext der Vegetation im Hintergrund.

Diese Konstruktion an einem Pool hat inmitten der Atacama-Wüste in Chile *(links)* eine geradezu verwegene Note. Sie gehört zu einem Luxushotel, das knapp außerhalb der Stadt San Pedro erbaut wurde. In starkem Kontrast zur wild-dramatischen Landschaft macht diese Szene einen ordentlichen und wohl überlegten Eindruck – möglicherweise die Antithese zu den Unbilden der abenteuerlichen Unternehmungen, die den Gästen hier angeboten werden.
Dieses höchst selbstbewusste Design kann von nichts weiter entfernt sein als von diesem intuitiv platzierten Ensemble aus Tisch und Stühlen vor einem kleinen Bauernhaus in der Provence *(rechts)*, das selbst wie eine Teil der Landschaft wirkt.

K A P I T E L 4

DIE NATUR NACH DRINNEN HOLEN

Dekoratives von draußen

Thema der Photographien dieses Kapitels sind die Raffinessen und Vieldeutigkeiten des Wohnens im Freien. Viele davon haben damit zu tun, wie das Draußen das Interieur pointieren kann – wie beispielsweise Frieden und Stille des Gartens Wohnbereiche im Haus beeinflussen können, ohne den Komfort zu stören. Tisch und Stühle, ursprünglich für den Gebrauch im Freien gedacht, manchmal wettergegerbt und mit der Patina vieler Jahre, öffnen neue Perspektiven der Gestaltung von Interieurs. Diese Möbelstücke können mit ihrer rauen Oberfläche und dem unbearbeiteten, unbehandelten Material, aus dem sie oft gefertigt sind, die Natur widerspiegeln. Andere Beispiele für den starken Einfluss von Outdoor-Dekoration inkludieren Formen und Motive aus der Natur selbst: Trouvaillen als Schmuckstücke – getrocknete Blätter und Blumen, Schoten, Kieselsteine, Treibholz und Kräuter frisch aus dem Garten.

Viele Häuser und Wohnungen erreichen diesen Effekt der Durchlässigkeit für das Draußen mit dem großzügigen Gebrauch von Glas als effektvollem Material für Wände, um solcherart die Distanz zwischen draußen und drinnen zu minimieren. In machen Fällen gehen Räume nahtlos in die Veranden, Terrassen oder Gärten über, an die sie grenzen. Andere wiederum, vor allem jene in südost-asiatischem Stil, erreichen eine ähnliche Wirkung, indem Wandschirme verwendet werden, die weggeschoben werden können, um das Haus allem zu öffnen, was draußen vorgeht. Besonders aufregend jedoch sind Designs von üblicherweise abgeschiedenen Räumen – Bade- oder Schlafzimmer zum Beispiel –, die sich hier unmittelbar der Außenwelt öffnen.

Zusammenfassend endet dieses Kapitel mit einem Fotoessay über ein außergewöhnliches Haus in Los Angeles, bei dem drinnen und draußen, Wohnraum und Garten eins werden und beide Teile ein einziger Organismus zu sein scheinen.

So innovativ lässt sich die Natur nach drinnen bringen: Klappfenster mit ausgeschnittenen, Matisse nachempfundenen Motiven öffnen dieses Appartement im kalifornischen Venice der Außenwelt.

Der klassische balinesische Pavillon erlaubt es dem Innenraum, sich der Außenwelt zu öffnen. In diesem Ensemble treffen die Schlichtheit der Möbel und der Webteppich exakt die richtige dekorative Note.

Steinguttöpfe und zurückhaltend arrangiertes Mobiliar sind die kultivierten Höhepunkte eines balinesischen Pavillons, der an drei Seiten zum Innenhof hin offen ist *(oben)*.

Steine, Knochen, interessant geformte Holzobjekte, Pflanzenschoten und Blumen: Trouvaillen aus der Natur können faszinierende dekorative Ergänzungen zu jeglichem Interieur sein, vor allem zu einem, das sich seiner natürlichen Umgebung öffnet. Diese bestechende Szene aus einem vollkommenen Durcheinander *(unten)*, in der natürliche und artifizielle Objekte miteinander kombiniert sind, ist das Heim eines international renommierten Natur-Photographen in Kenia, dessen Lebensraum zur umgebenden Vegetation hin permanent offen steht.

Große Glasflächen öffnen den Wohnraum dieses Hauses zum Garten, und auch das gesamte Mobiliar ist dorthin ausgerichtet *(oben)*.
Es liegt ein ganz spezieller Reiz darin, üblicherweise abgeschiedene Räume wie Schlaf- oder Badezimmer in einen visuellen Kontext mit der Außenwelt zu bringen *(unten)*; dieses Beispiel stammt aus einem modernen irischen Haus.

Natürliche, erdige Materialien, sowohl in ihrer eigentlichen als auch in einer bearbeiteten, dekorativ-ornamentalen Form, machen dieses Haus in Zihuatenejo an der mexikanischen Pazifikküste in hohem Maße zum Teil der Landschaft dieses Gebiets.

Balinesische Pavillonarchitektur in großem Stil: hier steht alles in Einklang, die Größe dieses offenen Raums und der majestätisch hohe Plafond mit den geschnitzten Möbeln.

Selbst geschlossene Räume können ein intensives Gefühl der Freiheit und der Muße, wie man es vom Outdoor-Leben kennt, ausstrahlen. Vor allem dann, wenn von draußen Licht hineinflutet. Diese beiden Räume in Häusern in Marrakesch *(links und rechts)* bekommen viel Licht aus benachbarten Innenhöfen, wahrscheinlich begleitet vom Duft wohlriechender Pflanzen und dem Klang sanft plätschernden Wassers.

Das subtile Duett aus Licht von draußen und dem Schatten drinnen macht vor allem den Charme dieses traditionellen marokkanischen Hauses aus. Dieses Zimmer, einfach und doch gleichzeitig luxuriös, ist vor allem ein Platz, um nach draußen zu schauen – vielleicht in einen Garten oder Innenhof.

Der Dachvorsprung schützt dieses traditionelle, hölzerne Thai-Haus und schafft gleichzeitig eine Veranda als Übergang zwischen künstlicher Anlage und Natur. In den heißen, feuchten Jahreszeiten können die vorhangähnlichen Wände hochgezogen werden, damit frische Luft durchziehen kann, während alles vor der direkten Sonneneinstrahlung bewahrt wird.

Trotz der modernen Materialien behält dieses balinesische Haus *(links)* jenen offenen und luftigen Charakter, der den traditionellen Häusern dieser Insel zu Eigen ist. Räume fließen ineinander über und die Glaswände garantieren, dass auch alles, was rund um das Haus liegt, integriert wird.

Riesige Fenster schenken auch diesem Wohnzimmer eines Hauses in Los Angeles *(rechts und folgende Doppelseite)* viel Licht. Das gesamte Bild widerspiegelt das zeitgenössische Design dieser Stadt und ihr Faible für ein kühles und logisches Ambiente. Das ganze Haus ist lichtdurchflutet, sogar die Anordnung der Möbel mit der überhängenden Bogenlampe scheint mehr mit der Außenwelt im Kopf gemacht worden zu sein als mit dem Raum selbst. Die offene Treppe unterstreicht dieses Gefühl von Helligkeit und Beweglichkeit zusätzlich.

Das Erdgeschoß desselben Hauses wie auf den vorangegangenen Seiten geht nahtlos auf die Terrasse und in den Garten über. Wie eine Auslegebrücke spannt sich eine ebenso mit Glaswänden versehene Galerie über den Sitzbereich. Und der Kamin, in konventionellerem Ambiente ein zentraler Blickpunkt, wurde zu rudimentärer Präsenz reduziert.

Die klaren Linien des Interieurs dieses Hauses scheinen sich in der Gestaltung des Gartens zu wiederholen, was eine ausbalancierte visuelle Harmonie zwischen beidem herstellt, während der weite Bogen der Glaswand den Raum einem Zelt ähneln lässt.

Ein Zimmer mit einem ganz anderen Ausblick: aus diesem fashionablen Loft blickt man auf die Dächer von Paris. Die schmalen Fensterpaneele akzentuieren die Proportionen dieses Panoramas.

Dieses Hotel in Kiwayu in Nord-Kenia ist aus zwanzig »Häusern« komponiert. Jede Einheit ist entsprechend der regionalen Tradition gebaut: mit geflochtenen Palmblättern gedeckte niedrige Dächer, die die Bewohner vor dem grellen Licht der Sonne schützen und dennoch freie Luftzirkulation erlauben.

Die offenen »Wände« dieses typisch balinesischen Hauses können ganz einfach mit Jalousien geschlossen werden. Oder sie bleiben offen, so wie für diesen einladenden Essplatz.

Die Natur nach drinnen holen in Form von diffusem Licht: diese private Residenz auf der indonesischen Insel Sumbawa ist vollständig aus lokalen Materialien und gemäß dem traditionellen Stil erbaut. Die meisten Teile sind zum Garten hin offen, lassen sich aber jederzeit durch Vorhänge oder Schirmwände schließen.

Von drinnen nach draußen blicken: ein einfacher Sitzplatz am Fenster einer Pariser Wohnung. Der Blick geht in einen privaten Garten – ein willkommenes Gut im urbanen Raum.

Trotzdem es so klein ist, hat man es in diesem Stadthaus in Nizza *(links)* irgendwie zuwege gebracht, es weit und luftig erscheinen zu lassen. Diese Wirkung kommt vom Fehlen jeglicher Dekoration und den verhältnismäßig ausladenden Fensterflächen, die ständig ein Gefühl der weiteren Welt draußen vermitteln.

In ähnlicher Weise wurde auch dieses Studio eines Stockholmer Bildhauers *(rechts)* geplant, um den Effekt des Hereinholens der Welt draußen zu maximieren. Objets trouvés aus der Natur und eine Flut von Blättern verbunden mit Werken des Bildhauers verstärken diese Draußen/Drinnen-Beziehung zusätzlich.

Die gemeinsame Qualität von Licht und Ausblick bringt bestimmte Räume oft in den unmittelbaren Einfluss der Welt jenseits der Wände. Aus diesem Badezimmer in einem Haus in Los Angeles beispielsweise blickt man durch rund um die Front laufende Fenster direkt in den Garten.

In einem anderen Badezimmer in Los Angeles garantieren Glastüren und glänzende Oberflächen, dass dem Licht, das durch die großen Fenster hereinströmt, keine Grenzen gesetzt werden.

Bei dieser modernen Version eines balinesischen Pavillons werden Schiebewände aus Glas verwendet, um das ganze Jahr über etwas von der vorherrschenden Präsenz des Gartens und des Innenhofs zu haben.

Diese kühle, minimalistische Küche in einem Londoner Haus reflektiert unmittelbar das gesamte aus dem Patio eindringende Licht, denn die abschließende Wand besteht zur Gänze aus Glas.

Die verschwundene Wand: Glas ersetzt das Mauerwerk in diesem Pariser Appartement, um den Bewohnern einen willkommenen Blick auf die schön bepflanzte Terrasse zu öffnen. Indem die Möbel drinnen und die Töpfe draußen sehr nahe am Glas platziert wurden, scheint die Barriere zwischen dem Zimmer und der Terrasse zu verschwinden.

In einer Pariser Doppelhaushälfte blickt man aus extrem großen Fenstern, vor denen provenzalische Keramikvasen aufgestellt wurden, auf die Terrasse.

Die Möbel in einem Zimmer dieses Hotels in Mexico City sind ganz bewusst zur Glaswand und damit zur Terrasse hin ausgerichtet.

Eine abgeschiedene Terrasse dient als visuelle Erweiterung dieser modernistischen Interpretation eines traditionellen japanischen Badezimmers.

Die Essenz des Outdoor-Lifestyles liegt in der Kontinuität zwischen drinnen und draußen. Und nirgendwo zeigt sich das besser als dort, wo genuin intime Räume direkt auf eine Terrasse, Veranda oder sogar in einen Garten führen. Dieses schicke Badezimmer eines Hauses im Regenwald von Queensland geht direkt auf eine Terrasse, von der man über die Bäume blickt.

Das puristische Schlafzimmer dieses umgebauten viktorianischen Hauses in London liegt unmittelbar neben der Dachterrasse. Die Intimität bleibt dank der hohen Terrassenwände erhalten, während das Gefühl der Kontinuität aufgrund der Gestaltung des Bodens – sowohl was das Material als auch die Ausrichtung betrifft – gegeben ist.

Farben, Texturen, Formen und Licht werden in diesen beiden Räumen kombiniert, um eine komplexe Beziehung zum Freien herzustellen. Licht flutet in das New Yorker Appartement *(links)* und leuchtet ein Szenario mit eigentümlichen Anklängen an die Natur in der Mitte des Tisches und die rustikalen Bugholzstühle aus. Und auch die Möbel dieser Pariser Wohnung *(oben)* sehen aus, als kämen sie von irgendwo jenseits der lichten Fenster.

Mobiliar und Dekoration in diesem Pariser Appartement erinnern stark an Terrassen und Gärten.

Eine Blumenmalerin hat diesen ehemaligen Laden eines Kesselbauers in Montreuil in einen Schauraum für ihre Arbeit verwandelt. Adirondack-Stühle vervollständigen das Gefühl angenehmer Rustikalität.

Kletterpflanzen haben den Wintergarten eines Hauses auf der Île de Ré zu einer fabelhaft belaubten Erweiterung der Küche gemacht.

Das Bewahren der Natur: Für den Rahmen dieses Himmelbetts in einem australischen Haus wurde die originale Form unbehandelten Holzes erhalten und damit das Ganze in eine ironische rustikale Metapher verwandelt.

Diese Möbelstücke wurden von einem Künstler geschaffen, der ausschließlich mit jenem Holz arbeitet, das auf der indonesischen Insel Sumbawa wächst. Hier hat er die Traditionen einer lokalen Dorfgemeinschaft aufgenommen, in der viele Artefakte aus solidem Holz, darunter Boote, geschnitzt werden.

Folgende Doppelseite
In einem Raum im Adirondack Museum am Blue Mountain Lake im Staat New York steht diese Rekreation rustikalen Interieurs. Das Mobiliar, das aussieht, als hätte man es für den Garten gebaut, besitzt die ganze Rauheit von Birkenrinde und unbehandeltem Holz.

An den Wänden dieses provenzalischen Hauses befinden sich ausdrucksvoll bemalte Behänge mit Motiven nach der Natur – eine stilisierte, nach drinnen transferierte Außenwelt.

Schlichtes Bambusmobiliar und dekorative Pflanzen verweisen in diesem Haus auf Korsika sanft und subtil auf ein Leben, das dank des warmen Klimas vorwiegend im Freien stattfindet. Die Strenge des Raums wird durch einen frischen Dillstrauß aus dem Garten gemildert.

Nichts belebt Innenräume so sehr wie frische Blumen, vor allem dann, wenn sie direkt vor der Tür gepflückt wurden. Und in diesem Haus in Uzès in der Provence *(links)* scheint der Garten jenseits dieses Fensters in einer ehemaligen Schießscharte wirklich sehr nah.

Eine blau-weiß bemalte chinesische Vase gefüllt mit einem Arm voll Ginster wird zwischen den robusten Möbeln in einem toskanischen Bauernhauses *(rechts)* zum zentralen Blickfang.

Natürliche Materialien für formale Arrangements: Sonnwendfeiern in Schweden werden mit Kränzen und hängenden Sträußen aus Getreide und Blumen begangen.

Photographien und andere von Menschenhand angefertigte Stücke mischen sich mit Fundstücken aus der Natur – Knochen, Steine, Holz – und schaffen in dieser gemütlichen Behausung in Kenia ein sympathisches Durcheinander, in dem sich die Welt des Künstlichen und jene des Natürlichen vereinigen.

Die Verwendung natürlicher Objekte, um formale Designs und Muster herzustellen, ist ein weiterer wesentlicher Aspekt, um die äußere Welt dem Drinnen nahe zu bringen. Dieses belgische Interieur wird durch ungewöhnliche organische Formen, darunter Pflanzenschoten und blattförmige Schablonen an den Wänden, verschönert. Die symmetrische Anordnung verblüfft besonders: Objekte aus der Natur als sorgsam angeordnete Dekorationsstücke.

Folgende Doppelseite
Weit ungezwungener angeordnet, aber ähnlich faszinierend ist dieses Bild aus dem Haus eines Botanikers in Goa mit den getrockneten Samenschoten.

LARGE-LEAVED

Reflexionen über die natürliche Welt in Form von Fundstücken, die als Dekorationselemente in Innenräumen oder Höfen verwendet werden: Zweige, Blätter, Fragmente klassischer Architektur mit eingemeißelten Pflanzenmotiven evozieren ein Bild der Welt draußen im Inneren. Sorgfältig zusammengebundene Zweige umspielen diesen still gelegten Kamin in einer Pariser Wohnung *(links)*.

Die Besitzer einer eleganten Villa im tunesischen Hammamet *(rechts)* stießen auf eine außergewöhnlich stilvolle Möglichkeit, ihren Innenhof zu schmücken: Objets trouvés von klassischen Plastiken und Steinskulpturen wurden wohl überlegt in scheinbarer Zufälligkeit arrangiert.

SAR F IMP C
MI TRIB PO
D
D
II FRATRI DI
RAIAN

Pflanzenmotive waren immer schon und in vielen verschiedenen Kulturen eine wesentliche Quelle der Inspiration für Gestalter und Architekten. Bedeutung bekommt ihre Wirkung dann, wenn sie dort verwendet werden, wo drinnen und draußen aufeinander treffen – an Türen und Fenstern sowie auf Böden: florale Keramik in Bangkok *(ganz links oben)*, ein gemeißelter Bogen in Oaxaca in Mexiko *(links)*, geätztes Glas in Barcelona *(ganz links unten)*, ein florales Art-déco-Motiv in Shanghai *(links unten)*, mit Blattmustern geschmückte Bodenkeramik in Bali *(rechts)* und ein mit Vögeln, Blättern und Früchten dekorierter Plafond in einem römischen Palazzo *(folgende Doppelseite)*.

Das auf dieser und den folgenden Seiten dargestellte Haus kann mit Berechtigung als das ultimative »Outdoor-Haus« bezeichnet werden. Sogar seine unregelmäßige Bauform scheint natürlich Gewachsenes zu imitieren. Im äußeren Küchenbereich beispielsweise sehen die Regale und der Spültisch inmitten der Kakteen fast organisch aus, und selbst die Wasserhähne sind in einem natürlich aussehenden Mauerblock verborgen.

Die Bepflanzung wird sowohl skulptural als auch architektonisch in Relation zu den soliden Strukturen des gesamen Komplexes eingesetzt. So dient bespielsweise eine »Kakteenwand« als Schirm für das tiefer gelegene Wohnzimmer gleich bei der Outdoor-Küche *(oben)*. Welch dramatischen Effekt das dem Raum gibt, kann man mit einem Blick aus dem Zimmer selbst beurteilen *(unten)*. Das wie ein architektonisches Fragment wirkende Mosaik im Boden verstärkt den Eindruck, innen und außen seien jeweils Fortsetzungen voneinander.

Die Pfade rund um dieses Haus mäandern auf natürliche, organische Weise – ein Effekt, der durch die Verwendung unregelmäßig geformter Kieselsteine für die Umrundung der Pflanzen noch erhöht wird.

Bepflanzte Stellen tauchen rund um das Haus immer wieder auf und lösen strikte Definitionen, was Haus und was Garten zu sein hat, auf.

Die verschiedenen Kakteenarten kombiniert mit Kieseln und Felsblöcken schaffen dramatische Effekte aufgrund ihrer schlichten Formen.

Ein Wasserlauf direkt bei der Wohnküche *(oben und folgende Seite)* wird von Felsplatten gekreuzt, die als Trittsteine dienen.

Der Wasserlauf führt direkt zum weiten Entrée in die Wohnküche. Rustikale Schlichtheit charakterisiert sowohl die Einrichtung als auch das Inventar in diesem Teil des Hauses *(siehe auch folgende Doppelseite)*. Eine klassische Balkendecke überspannt den Essplatz, der durch ein teppichähnliches, erdfarbenes Bodenmosaik definiert wird. Die Arbeitsflächen der Küche bestehen aus altem behauenem Stein und natürlichem Fels.

Abends und in der Nacht verleihen Kerzenlicht und Unterwasserbeleuchtung den Bereichen rund um das Bassin einen warmen Schein *(oben)*. Auch die Dekorationen verstärken die Omnipräsenz der Natürlichkeit: riesige tönerne Töpfe und ein monumentales umgedrehtes Ölfass *(oben und gegenüberliegende Seite)*.

Der Hauptwohnraum des Hauses wird von einem ausladenden Kamin aus roh behauenem Stein mit davorliegenden Naturfelsen dominiert. Vor dem Kamin wurde ein niedriger Sitz- und Konversationsbereich geschaffen, indem man einfach Orientteppiche auflegte und traditionelle Sattelstühle, wie sie Nomaden verwenden, hinstellte.

So wie auch draußen gibt es im Haus keinerlei sichtbare Konzession an moderne Technologien. Kerzenlicht verändert subtil den zentralen Wohnbereich und die wie eine Skulptur wirkende offene Treppe *(oben und gegenüberliegende Seite)*.

KAPITEL 5

DRAUSSEN LEBEN

Outdoor-Lifestyle

Die Bilder dieses Kapitels öffnen die Definition für »Wohnen im Freien« weit, um mit der großen Welt aus Märkten, Restaurants und sogar den Brennpunkten des Straßenlebens, den Garküchen und Straßenhändlern, das Outdoor-Leben effektiv zu zelebrieren. Nun betreten wir eine Welt weit weg von den begrenzten, an ein Haus gebundenen Veranden, Terrassen und Gärten, wobei der wahrhaftige Geist vom Leben im Freien in Hülle und Fülle vorhanden ist: der Wille, das gesamte Spektrum des Draußen zu genießen. Vielleicht widerspiegelt nichts diesen Geist so vollständig wie die Bilder von Picknicks, wenn einfach ein Tuch auf dem Boden ausgebreitet wird und der Anblick eines gut gefüllten Korbs den heiteren Brennpunkt jeglicher Gruppe schafft.

Hier zeigen wir auch ein paar klassische Beispiele des Outdoor-Lifestyles, wie er vor allem aus mediterranen Gegenden kommt. Exquisite Essplätze in schattigen Gärten künden vom Genuss lokaler Produkte, Landweinen und Gesprächen nach Tisch. Solche Arrangements vermitteln sehr oft eine unkomplizierte Atmosphäre, verkörpert durch einen improvisierten Grill, wobei eine Pergola oder ein Sonnensegel das Ganze erst vollständig machen.

Zu guter Letzt aber zu jenen Bildern, auf denen die tatsächliche Verwirklichung des Ziels, im Freien zu wohnen, sichtbar wird: alles hinauszutragen, was gemeinhin mit dem Leben zwischen vier Wänden in Verbindung gebracht wird. In diesem Fall dienen Duschen und Badewannen als Metaphern des ultimativen Outdoor-Lifestyles. Passend und entsprechend, dass einige dieser Bilder das Leben auf der Insel Bali zeigen, deren Einwohner, deren Klima und Kultur die komplexe Beziehung zwischen drinnen und draußen zur Lebensart – manifestiert in der Architektur – an sich gemacht haben.

Um Wohnen unter freiem Himmel zu genießen, bedarf es nicht unbedingt eines eigens konstruierten Patios, Innenhofs, einer Terrasse oder Veranda. Manchmal reicht es vollkommen aus, ein Tuch auszubreiten und einen Imbiss darauf zu arrangieren, und das sogar in so unwirtlichen Gegenden wie in der trockenen Atacama-Wüste in Chile *(oben)*. Und in Hama haben sich diese Syrer unter den Arkaden zusammengefunden, um ein unbeschwertes Mahl zu genießen *(unten)*.

Am Strand der Insel Porquerolles in Südfrankreich hat sich eine Familie niedergelassen, um den Inhalt dieses gut gefüllten Picknickkorbs zu genießen.

Die Freuden am draußen Leben und Essen können vielerlei Formen annehmen. Anders als die sonst eher private, intime, verborgene Atmosphäre ist dieses Hochzeitsfest in einem rumänischen Dorf offensichtlich die Gelegenheit, sowohl Traditionen als auch das Leben in der Gemeinschaft zu zelebrieren.

Dieses Restaurant in Manila *(oben)* fügt dem Essen im Freien eine Dimension hinzu: Die Füße der Gäste werden von einem Bach gekühlt, der unter den Tischen durchfließt.

Folgende Doppelseite
In einem größeren Kontext kann die Bedeutung von einem »Leben im Freien« so erweitert werden, dass sie sämtliche sozialen Komponenten – beispielsweise all jene, die mit dem Essen und seiner Vorbereitung zusammenhängen, aber auch jene kommunalen Zusammenlebens – beinhaltet. Straßenleben im Allgemeinen und Märkte im Besonderen lassen ein Leben im Freien entstehen, das viele Möglichkeiten bietet – einen Blick, einen Händedruck zu wechseln, aber auch Geld und Waren. Eines der beeindruckendsten Beispiele dafür ist der Djemaa el-Fna, der zentrale Platz in Marrakesch, der hier im weichen Licht der Abenddämmerung zu sehen ist.

Es gibt sie in vielen Kulturen: Garküchen und Straßenhändler *(oben und gegenüberliegende Seite)* bieten Bewohnern vieler Städte Treffpunkte auf der Straße.

Folgende Seiten
Einfaches gut gemacht: Ein rustikaler, fix installierter Tisch in einem von sonnigen Flecken durchdrungenen Wäldchen eines provenzalischen Gartens bietet ausreichend Fläche für alles, was vor dem Essen getan werden muss *(Seiten 226/227)*.

Ebenfalls aus der Provence *(Seiten 228/229)* stammt diese Szene: Ein schlichtes Mahl aus lokalen Produkten, eingenommen unter Pinien nimmt dank dieses behelfsmäßigen Grills Gestalt an. Kalb- und Rindfleisch, Schalotten, Markknochen – irgendwie schmeckt Essen im Freien immer besser!

Einen bescheidenen Ton schlägt an dieser kunstvoll arrangierten Szenerie nur das traditionelle Gartenmobiliar auf der Terrasse eines Hauses auf der Insel Porquerolles in Südfrankreich an.

Hoch oben auf der Spitze einer Klippe in der Nähe von Monte Carlo liegt diese überdachte Terrasse, die seinen Besitzern das ganze Jahr über einen Essplatz samt Blick übers Meer bietet.

Zweifellos sind es vor allem die mediterranen Gegenden, in denen sich viele der wesentlichen Freuden des Lebens unter freiem Himmel genießen lassen: viel Sonne, gutes Essen und ein grundsätzlich entspannter Lebensstil. Etwas Reizvolleres als diese beiden permanent eingerichteten, genialen Essplätze ist kaum vorstellbar – der eine in Carpentras in der Provence *(links)*, der andere gehört zu einem marokkanischen Haus *(rechts)*.

Noch mehr Mediterranes – und einmal mehr Beispiele dafür, dass die Freude am Leben draußen und am Einrichten eines Essplatzes im Freien völlig unabhängig ist von eigens errichteten Höfen oder Terrassen. Hier in der Provence *(oben)* und auf der Île de Ré *(unten)* hat es ausgereicht, Tische und Stühle an einem passenden Platz aufzustellen – für alles andere sorgen Speisen und gute Gespräche.

In der Mehrzahl der auf diesen Seiten gezeigten Essplätze war die Präsenz der Pflanzen wesentlich, und zwar entweder in Form von Bäumen und Sträuchern, die den Platz umgeben (in einem französischen Garten; *oben*) oder – weitaus förmlicher – über Spaliere und eine Pergola arrangierte Pflanzen (in einem sizilianischen Garten; *unten*). Gezielt platzierte Kletter- und Kübelpflanzen auf dieser Terrasse bei einem Haus in Carpentras in der Provence *(folgende Doppelseite)* vervollständigen eine fast unfassbar idyllische Szene.

Outdoor-Settings können jedoch von höchst unterschiedlicher Art und weit entfernt von der Anmutung üppiger mediterraner Schauplätze sein. In der Atacama-Wüste in Chile *(links)* wurden für einen Hotelkomplex phantasievolle Möglichkeiten gefunden, um sich in seinem trockenen Umland auszubreiten: Pfade und Badeplattformen wurden für die Gäste abseits des Hauptgebäudes angelegt.

Das ganze Jahr über bleibt diese Terrasse eines modernistischen Hauses in Belgien Ort stiller Kontemplation *(rechts)*.

Hier – in Saint-Rémy-de-Provence *(folgende Doppelseite)* – aber zurück in mediterrane Gefilde und den leichtfüßigen Umgang mit dem Wohnen im Freien: der Tisch und die Stühle wurden wohl einfach aus der Küche hinausgetragen, um einen so schlichten wie entspannten Essplatz zu schaffen.

Höchst variabel ist jenes Mobiliar, das für das Wohnen im Freien verwendet werden kann. Diese überdachte Hollywood-Schaukel in einem Garten von Phuket in Thailand gemahnt stark an die 1920er Jahre – und an einen Cocktail.

Dieses Tagesbett stammt ganz von draußen, ist es doch aus Treibholz – gesammelt an einem Strand in Korsika – zu etwas gefertigt, das man als Möbelskulptur bezeichnen könnte. Das übrige Haus ist mit ähnlichen Kreationen eingerichtet.

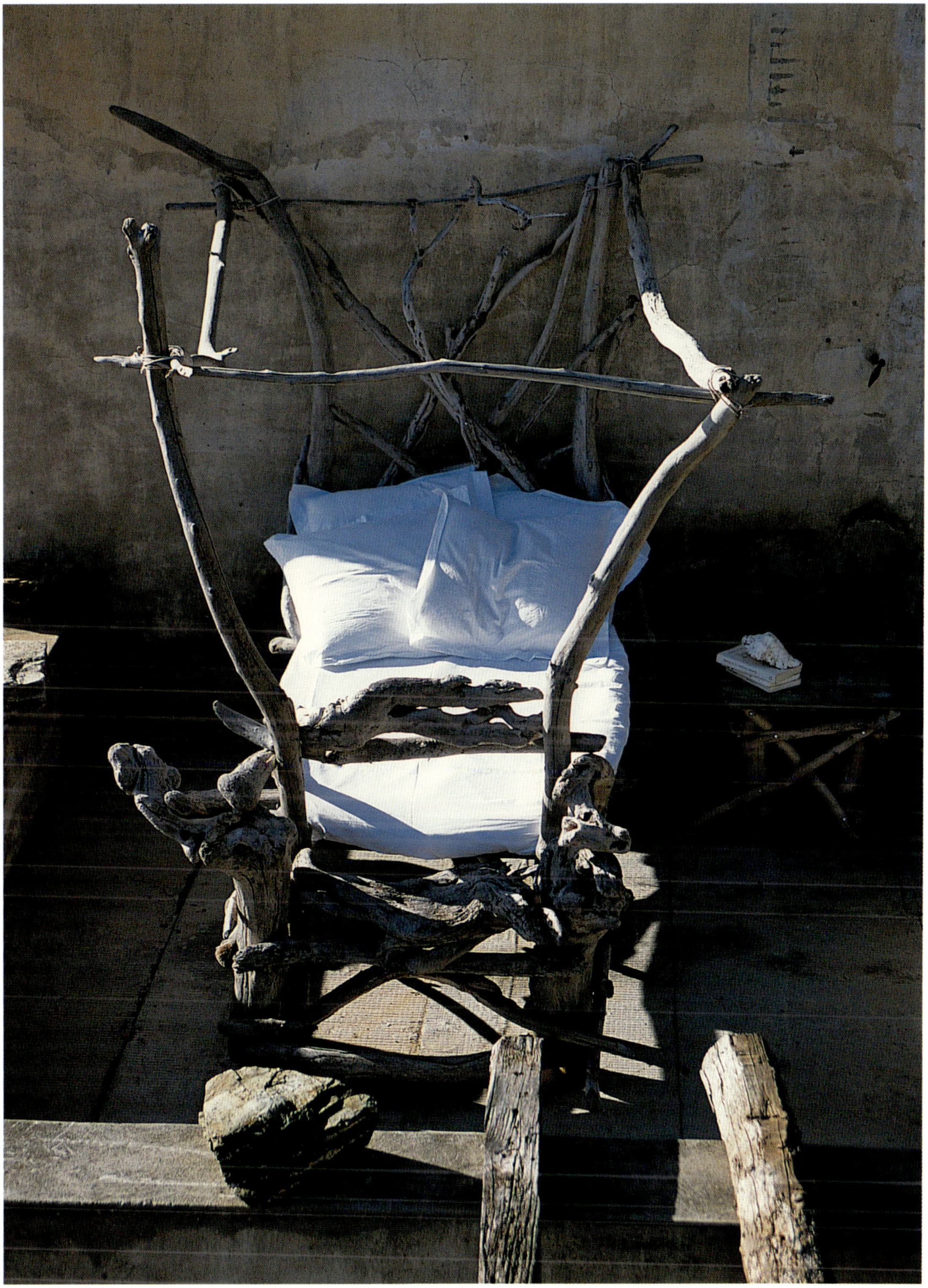

Das ultimative Ziel jeglichen Outdoor-Lifestyles muss zweifellos die Möglichkeit sein, alles, was man gemeinhin mit dem Leben im Haus assoziiert, nach draußen zu bringen: kochen, essen, schlafen und baden scheint im Freien aufregender zu sein. Doch ein passendes Ambiente zu schaffen, um dieses Leben im Freien wirklich genießen zu können, verlangt sensibles Design in der unmittelbaren Umgebung. Nur so lässt sich dieses befriedigende Gefühl, dass einfach alles seine Richtigkeit hat, erreichen. Alle hier präsentierten Duschen verkörpern in ihrer Gestaltung exakt diese Empfindung: von Mexiko *(ganz links oben und gegenüber)* über Bali *(links oben und ganz links unten)* nach Marrakesch *(links unten)*. Das liegt vor allem im intelligenten Gebrauch regionaler Materialien und in der Verwendung traditioneller Gestaltungspraktiken: schlichte Lösungen für an Spielarten der Natur reiche Umgebungen.

Von Marokko *(links)* bis Mexiko *(rechts)* bedeuten diese Badewannen im Freien eine Verfeinerung dieses Lebenstils.

Zwei Badewannen in balinesischen Gärten evozieren jenen Lebensstil dieser Insel, in dem Innen und Außen oft austauschbar scheinen.

Was wäre als Finale dieses Zelebrierens eines Wohnens im Freien wohl passender als diese Bilder aus Bali, auf denen sich mehr als alles andere das höchst Subtile der Beziehungen zwischen drinnen und draußen ausdrückt.

Kursiv gesetzte Seitenzahlen verweisen auf Abbildungen.

A

B

C

I

J

K

L

M

N

O

P

Q

R

S

T

U

V

W

Z

DANKSAGUNG

Die Deutsche Bibliothek -
CIP-Einheitsaufnahme
Ein Titelsatz für diese Publikation ist bei
Der Deutschen Bibliothek erhältlich.

1. Auflage

Das graphische Konzept des Werks sowie der Entwurf des Schutzumschlags stammen von Stafford Cliff.
Gesetzt wurde aus der Minion, 9 auf 13 Punkt.

Die Übersetzung aus dem Englischen und die Produktion oblagen Barbara Sternthal. Das Lektorat der deutschsprachigen Ausgabe besorgte Elisabeth Hölzl.

Printed in Singapore.

ISBN 3-902510-23-4

Christian Brandstätter
Verlagsgesellschaft m.b.H.
A-1080 Wien, Wickenburggasse 26
Telefon: (+43-1) 512 15 43-0
Fax: (+43-1) 512 15 43-231
E-Mail: cbv@cbv.at
Internet: www.cbv.at

Die Photographien in diesem Buch sind das Ergebnis vieler Jahre des Reisens rund um die Welt, was den Zweck hatte, die Aufträge verschiedener Magazine und Kunden zu erfüllen. Herzlichen Dank deshalb an all die Menschen, die dazu beitrugen, die Verwirklichung dieses Projekt möglich zu machen: Martine Albertin, Béatrice Amagat, Catherine Ardouin,Françoise Ayxandri, Marion Bayle, Jean-Pascal Billaud, Anna Bini, Marie-Claire Blanckaert, Barbara Bourgois, Marie-France Boyer, Marianne Chedid, Alexandra D'Arnoux, Catherine de Chabaneix, Jean Demachy, Emmanuel de Toma, Geneviève Dortignac, Jérôme Dumoulin, Marie-Claude Dumoulin, Lydia Fiasoli, Jean-Noel Forestier, Marie Kalt, Françoise Labro, Anne Lefèvre, Hélène Lafforgue, Catherine Laroche, Nathalie Leffol, Blandine Leroy, Marianne Lohse, Chris O'Byrne, Christine Puech, José Postic, Nello Renault, Daniel Rozensztroch, Elisabeth Selse, Suzanne Slesin, Caroline Tiné, Francine Vormèse, Claude Vuillermet, Suzanne Walker, Rosaria Zucconi und Martin Bouazis.

Vielen Dank auch all jenen, die uns das Photographieren in ihren Häusern und Wohnung erlaubten: Adirondack Museum, Jean-Marie Amat, Mea Argentieri, Avril, Claire Basler, Peter Beard, Bébèche, Luisa Becaria, Dominique Bernard, Dorothée Boissier, Carole Bracq, Susie und Mark Buell, Michel Camus, Laurence Clark, Anita Coppet und Jean-Jacques Driewir, David Cornell, Bertile Cornet, Jane Cumberbatch, Geneviève Cuvelier, Ricardo Dalasi, Anne und Pierre Damour, Joan K. Davidson, Catherine Dénoual, Dominique und Pierre Bénard Dépalle, Phillip Dixon, Ann Dong, Patrice Doppelt, Philippe Duboy, Christian Duc, Jan Duclos Maïm, Bernard Dufour, Explora Group, Flemish Primitives, Caffè Florian (Venedig), Michèle Fouks, Pierre Fuger, Massimiliano Fuksas, Teresa Fung and Teresa Roviras, Henriette Gaillard, His Majesty the Maharajah Gaj Sing Ji, Jean und Isabelle Garçon, John MacGlenaghan, Fiora Gondolfi, Annick Goutal und Alain Meunier, Murielle Grateau, Michel und Christine Guérard, Yves und Michèle Halard, Hotel Le Sénéchal, Hotel Samod Haveli, Anthony Hudson, Ann Huybens, Patrick T'Hoft, Igor und Lili, Michèle Iodice, Paul Jacquette, Hellson, Jolie Kelter und Michael Malcé, Amr Khalil, Dominique Kieffer, Kiwayu Safari Village, Lawrence und William Kriegel, Philippe Labro, Karl Lagerfeld, François Lafanour, Nad Laroche, Rudolph Thomas Leimbacher, Philippe Lévèque und Claude Terrijn, Marion Lesage, Lizard Island Hotel, Luna, Catherine Margaretis, Marongiu, Mathias, Valérie Mazerat und Bernard Ghèzy, Jean-Louis Mennesson, Ilaria Miani, Mies van der Rohe-Pavillon (Barcelona), Anna Moï, Leonardo Mondadori, Jacqueline Morabito, Christine Moussière, Paola Navone, Christine Nicaise, Christian Neirynck, Jean Oddes, Catherine Painvin, John Pawson, Christiane Perrochon, Phong Pfeufer, Françoise Pialoux les Terrasses, Alberto Pinto, Stéphane Plassier, Morgan Puett, Bob Ramirez, Riad Dar Amane, Riad Dar Kawa, Yagura Rié, Guillaume Saalburg, Holly Salomon, Jérôme-Abel Séguin, Jocelyne und Jean-Louis Sibuet, Siegrid und ihren Cousins, Valérie Solvi, Tapropane Villa, Patis und Tito Tesoro, Richard Texier, Jérôme Tisné, Doug Tomkins, Anna und Patrice Touron, Christian Tortu, Armand Ventilo, Véronique Vial, Barbara de Vries, Thomas Wegner, Quentin Wilbaux, Catherine Willis.

Zu Dank verpflichtet sind wir auch jenen Magazinen gegenüber, die uns erlaubten, Photographien, die ursprünglich bei ihnen erschienen, für dieses Buch zu verwenden: *Architectural Digest* (französische Ausgabe), *Atmosphère*, *Coté Sud*, *Elle*, *Elle à Table*, *Elle Décoration*, *Elle Décor Italie*, *Madame Figaro*, *Maison Française*, *Marie Claire*, *Marie Claire Idées*, *Marie Claire Maison*, *The World of Interiors*.

Die Abbildung auf den Seiten 228/229 stammt aus dem Werk *Under the Sun – French Country Cooking* und wurde mit freundlicher Genehmigung der Autorin Caroline Conran und des Verlags Pavilion Books Ltd. reproduziert.